1982

LOVE POEMS

Also by Yehuda Amichai

Yehuda Amichai

LOVE POEMS

A BILINGUAL EDITION

HARPER & ROW, PUBLISHERS, New York
Cambridge, Philadelphia, San Francisco, London
Mexico City, São Paulo, Sydney

1817

The poems in this collection have been translated by various hands. Where the translator's name does not follow a given poem, the translation was done by Yehuda Amichai and Ted Hughes.

"Six Songs for Tamar" first appeared in *Present Tense;* "Savage Memories" first appeared in *Tri-Quarterly;* "Now in the Storm" first appeared in *Midstream;* selections from "The Last Benjamin of Todela" first appeared in *Exile;* "Jacob and the Angel," "Tourist," and "Songs for a Woman" first appeared in *The Nation.*

The original Hebrew versions of these poems are reprinted from the following collections by permission of Schocken Publishing House, Tel Aviv, Israel: שירים 1948 – 1962, עכשו ברעש, ולא על מנת לזכור, מאחורי כל זה מסתתר, אושר גדול, הזמן, שלוה גדולה: שאלות ותשובות.

Most of these poems were originally published in English in the following collections and are reprinted by permission of Harper & Row, Publishers, Inc.: *Amen* copyright © 1977 by Yehuda Amichai; *Poems* copyright © 1968 by Yehuda Amichai, English translation copyright © 1968, 1969 by Assia Gutmann; *Songs of Jerusalem and Myself* copyright © 1973 by Yehuda Amichai, English translation copyright © 1973 by Harold Schimmel; *Time* copyright © 1979 by Yehuda Amichai.

FIRST EDITION

Designed by Sidney Feinberg

Composition by Bet Sha'ar Press, Inc.

Library of Congress Cataloging in Publication Data

Amichai, Yehuda.
  Love poems.
  English and Hebrew.
  1. Love Poetry, Israeli. I. Title.
PJ5054.A65A17 1981   892.4'16   80-8680
                              AACR2

ISBN 0-06-014848-9   81 82 83 84 85 10 9 8 7 6 5 4 3 2 1
ISBN 0-06-090873-4 (pbk.)   81 82 83 84 85 10 9 8 7 6 5 4 3 2 1

Contents

v

LOVE POEMS

שִׁשָּׁה שִׁירִים לְתָמָר

[א]
הַגֶּשֶׁם מְדַבֵּר בְּשֶׁקֶט,
אַתְּ יְכוֹלָה עַכְשָׁו לִישׁוֹן.

לְיַד מִטָּתִי מַשַּׁק כַּנְפֵי עֵתוֹן,
אֵין מַלְאָכִים אֲחֵרִים.

אַשְׁכִּים לְשַׁחֵד אֶת הַיּוֹם הַבָּא,
שֶׁיִּהְיֶה טוֹב אֵלֵינוּ.

[ב]
הָיָה לָךְ צְחוֹק עֲנָבִים:
הַרְבֵּה צְחוֹקִים יְרֻקִּים וַעֲגֻלִּים.

גּוּפֵךְ מָלֵא לְטָאוֹת,
שֶׁכֻּלָּן אוֹהֲבוֹת שֶׁמֶשׁ.

עָלוּ פְּרָחִים בַּשָּׂדֶה, עָלוּ עֲשָׂבִים בַּלְּחָיֵי,
הַכֹּל הָיָה אֶפְשָׁרִי.

[ג]
תָּמִיד אַתְּ שׁוֹכֶבֶת
עַל עֵינִי.

בְּכָל יוֹם שֶׁל חַיֵּינוּ יַחְדָּו
קֹהֶלֶת מוֹחֵק שׁוּרָה מִסִּפְרוֹ.

אֲנַחְנוּ הָרְאָיָה הַמַּצִּילָה בַּמִּשְׁפָּט הַנּוֹרָא.
נְזַכֶּה אֶת כֻּלָּם!

Six Songs for Tamar

1.
The rain speaks quietly;
you may now sleep.

Beside my bed—a newspaper's rushing wings.
There are no other angels.

I'll get up early and bribe the coming day,
that it be good to us.

2.
You had a laugh of grapes:
many laughs, green and round.

Your body is full of lizards;
they all love sun.

Flowers grow in the field, grass on my cheek.
Anything is possible.

3.
Always you lie
on my eyes.

Each day of our life together
Koheleth, David's son, erases a line from his book.

We are the saving proof in the terrible trial.
We'll acquit them all!

[ד]

כְּטַעַם הַדָּם בַּפֶּה
הָיָה אָבִיב לָנוּ – פִּתְאֹם.

הָעוֹלָם עֵר הַלַּיְלָה.
הוּא שׁוֹכֵב עַל גַּבּוֹ וְעֵינָיו פְּקוּחוֹת.

אֲגַן הַסַּהַר מֻתְאָם לְקַו לְחָיֵךְ,
חִיּוּכֵךְ – לְקַו לְחָיַי.

[ה]

לִבֵּךְ מְשַׂחֵק תּוֹפֶשֶׂת־דָּם
בְּתוֹךְ עוֹרְקַיִךְ.

עֵינַיִךְ חַמּוֹת עֲדַיִן כְּמִטּוֹת,
הַזְּמַן שָׁכַב בָּהֶן.

יְרֵכַיִךְ שְׁנֵי יְמֵי אֶתְמוֹל מְתוּקִים,
אֲנִי בָּא אֵלַיִךְ.

כָּל מֵאָה וַחֲמִשִּׁים הַתְּהִלִּים
שׁוֹאֲגִים בְּבַת אַחַת.

[ו]

עֵינַי רוֹצוֹת לִזְרֹם זוֹ אֶל זוֹ,
כִּשְׁנֵי אֲגַמִּים שְׁכֵנִים.

4

4.
Like a taste of blood in the mouth,
spring for us—of a sudden.

The world's awake tonight.
On its back with wide-open eyes.

The moon fits the line of your cheeks,
your breasts—the line of mine.

5.
Your heart plays tug-of-blood
inside your veins.

Your eyes are still as warm as beds—
time slept in them.

Your thighs two sweet days past,
I come to you.

All one hundred and fifty psalms
cry out at once.

6.
My eyes want to stream to each other
like two neighbor lakes.

לְסַפֵּר אַחַת לַשְּׁנִיָּה
אֶת כָּל מַה שֶּׁרָאוּ.

לְדָמִי יֵשׁ הַרְבֵּה קְרוֹבִים,
לְעוֹלָם אֵינָם מְבַקְּרִים אוֹתוֹ.

אַךְ כְּשֶׁהֵם מֵתִים,
דָּמִי יוֹרֵשׁ.

To tell each other
all they have seen.

My blood has many relatives—
they never visit.

But when they die
my blood inherits.

Translated by Harold Schimmel

שִׁירִים לְאִשָּׁה

[א]

גּוּפֵךְ לָבָן כְּמוֹ חֹל
שֶׁמֵּעוֹלָם לֹא שִׂחֲקוּ בּוֹ יְלָדִים.

עֵינַיִךְ עֲצוּבוֹת וְיָפוֹת
כִּפְרָחִים מְצֻיָּרִים בְּסֵפֶר לִמּוּד.

שְׂעָרֵךְ תָּלוּי לְמַטָּה
כְּעָשָׁן מִקָּרְבַּן קַיִן:

אֲנִי צָרִיךְ לַהֲרֹג אֶת אָחִי.
אָחִי צָרִיךְ לַהֲרֹג אוֹתִי.

[ב]

כָּל הַלַּיְלָה צָעֲקוּ נְעָלַיִךְ
הָרֵיקוֹת לְיַד מִטָּתֵךְ.

יָדֵךְ הַיְמָנִית תְּלוּיָה מִתּוֹךְ חֲלוֹמֵךְ,
שְׂעָרֵךְ לוֹמֵד לֵילִית
מִתּוֹךְ סֵפֶר לִמּוּד קָרוּעַ שֶׁל רוּחַ.

הַוִּילוֹנוֹת הַנָּעִים
הֵם שַׁגְרִירֵי מַעֲצָמוֹת זָרוֹת.

[ג]

אִם אַתְּ פּוֹתַחַת אֶת מְעִילֵךְ
אֲנִי מֻכְרָח לְהַכְפִּיל אֶת אַהֲבָתִי.

אִם אַתְּ חוֹבֶשֶׁת אֶת הַכּוֹבַע הֶעָגֹל וְהַלָּבָן,
אֲנִי צָרִיךְ לְהַגְזִים אֶת דָּמִי.

8

Songs for a Woman

1.
Your body is white like sand
in which children never played

your eyes beautiful and sad
like illustrated flowers in a schoolbook

wisps of your hair as it falls
like smoke from Cain's sacrifice:

I must kill my brother
my brother must kill me.

2.
All night your empty shoes
cried out beside your bed

your right hand dangled out from your dream,
your hair studied night-speech
from a torn schoolbook of wind

the curtains moved,
ambassadors of foreign powers.

3.
If you open your coat
my love must widen

if you wear that round white beret
my blood must redden

בַּמָּקוֹם שֶׁאַתְּ אוֹהֶבֶת
צְרִיכִים לְפַנּוֹת אֶת הָרָהִיטִים מִן הַחֶדֶר.

אֶת כָּל הָאִילָנוֹת וְהֶהָרִים וְהַיַּמִּים
מִן הָעוֹלָם כִּי צָר.

[ד]
אִם אַתְּ מְחַיֶּכֶת,
מִתְעַיְּפִים הָרַעְיוֹנוֹת הָרְצִינִיִּים.

בַּלַּיְלָה שׁוֹתְקִים הֶהָרִים לְיָדֵךְ,
בַּבֹּקֶר הַחוֹל הוֹלֵךְ אִתָּךְ לַיָּם.

אִם אַתְּ עוֹשָׂה לִי דְּבָרִים טוֹבִים
כָּל הַתַּעֲשִׂיּוֹת הַכְּבֵדוֹת נִסְגָּרוֹת.

wherever you love
furniture must be removed from the room

trees, mountains, seas—all of it
gone from the narrow world.

4.
When you smile
serious ideas suddenly get drowsy

all night the mountains keep silent at your side—
at morning, the sand goes out with you, to sea

when you do nice things to me
all heavy industry shuts down.

Translated by David Rosenberg

יַעֲקֹב וְהַמַּלְאָךְ

לִפְנוֹת בֹּקֶר נֶאֶנְחָה וְתָפְסָה
אוֹתוֹ כָּךְ, וְנִצְּחָה אוֹתוֹ.
וְתָפַס אוֹתָהּ כָּךְ, וְנִצֵּחַ אוֹתָהּ,
הֵם יָדְעוּ שְׁנֵיהֶם תֹּפֶס
מֵבִיא מָוֶת.
וְוִתְּרוּ זֶה לָזֶה עַל אֲמִירַת הַשֵּׁם.

אֲבָל בָּאוֹר הָרִאשׁוֹן שֶׁל שַׁחַר
רָאָה אֶת גוּפָהּ.
שֶׁנִּשְׁאַר לָבָן,
בַּמְּקוֹמוֹת שֶׁבֶּגֶד הַיָּם
אֶתְמוֹל כִּסָּה.

אַחַר כָּךְ קָרְאוּ לָהּ פִּתְאֹם מִלְמַעְלָה,
פַּעֲמַיִם.
כְּמוֹ שֶׁקּוֹרְאִים לְיַלְדָּה מִמִּשְׂחָקָהּ
בֶּחָצֵר.
וְיָדַע אֶת שְׁמָהּ וְנָתַן לָהּ לָלֶכֶת.

Jacob and the Angel

Before sunrise she groaned, caught him
and grasped thus, won him.
And he caught her thus, too, winning
so that both knew such holding
came to death.
They were beyond introducing, past names.

But at dawn, with first light
he saw her body
still white
in the places the bathing suit covered
yesterday.

Then, the sudden call for her
from upstairs, twice,
the way a girl's called in from play
outside
so that he knew her name
and he let her go.

Translated by David Rosenberg

לְשַׁלֵּחַ זִכְרוֹנוֹת טוֹרְפִים

אֲנִי חוֹשֵׁב בְּיָמִים אֵלֶּה עַל הָרוּחַ שֶׁבִּשְׂעָרֵךְ
וְעַל הַשָּׁנִים שֶׁהִקְדַּמְתִּי לָבוֹא לָעוֹלָם לְפָנַיִךְ
וְעַל הַנֶּצַח שֶׁאַקְדִּים לָצֵאת אֵלָיו,

עַל הַכַּדּוּרִים בַּמִּלְחָמָה שֶׁלֹּא הָרְגוּ אוֹתִי,
אֶלָּא אֶת יְדִידַי,
שֶׁהָיוּ טוֹבִים מִמֶּנִּי מִשּׁוּם שֶׁלֹּא
הִמְשִׁיכוּ לִחְיוֹת כָּמוֹנִי,

עַל עָמְדֵךְ בַּקַּיִץ עֲרֻמָּה לִפְנֵי הַכִּירָה
וְעַל שֶׁנִּרְכַּנְתְּ עַל הַסֵּפֶר לְהֵיטִיב לִרְאוֹת
בָּאוֹר הָאַחֲרוֹן שֶׁל יוֹם.

רְאִי, הָיוּ לָנוּ יוֹתֵר מֵחַיִּים,
צְרִיכִים עַכְשָׁו לִשְׁקֹל הַכֹּל
בַּחֲלוֹמוֹת כְּבֵדִים וּלְשַׁלֵּחַ
זִכְרוֹנוֹת טוֹרְפִים בְּמַה שֶׁהָיָה הֹוֶה.

Savage Memories

I think these days of the wind in your hair,
and of my years in the world which preceded your
coming,
and of the eternity to which I proceed before you;

and I think of the bullets that did not kill me,
but killed my friends—
they who were better than me because
they did not go on living;

and I think of you standing in summer
naked before the stove,
or bending, the better to read it, over a book
in the last light of day.

Yes, we had more than life.
We must now balance everything
with heavy dreams, and set
savage memories
upon what was once today.

Translated by Robert Friend

בִּרְחוֹב הָרַב קוּק

בִּרְחוֹב הָרַב קוּק
אֲנִי עוֹלֶה בְּלִי הָאִישׁ הַטּוֹב הַזֶּה.
שְׁטְרַיְמְל שֶׁחָבַשׁ לִתְפִלָּה
צִילִינְדֶּר מֶשִׁי שֶׁחָבַשׁ לְשִׁלְטוֹן
מוּעָפִים בְּרוּחַ הַמֵּתִים
מֵעָלַי, צָפִים עַל פְּנֵי הַמַּיִם
שֶׁל חֲלוֹמוֹתַי.
אֲנִי בָּא לִרְחוֹב הַנְּבִיאִים, שֶׁאֵין בּוֹ
וְלִרְחוֹב הַחַבָּשִׁים, שֶׁיֵּשׁ בּוֹ אֲחָדִים. אֲנִי
מְחַפֵּשׂ לְךָ מְקוֹם מְגוּרִים אַחֵר,
מְרַפֵּד אֶת הַקֵּן לְךָ לְבַדְּךָ,
מַתְקִין אֶת מְקוֹם יִסּוּרֵי בְּזֵעַת אַפִּי,
בּוֹדֵק אֶת הַדֶּרֶךְ בָּהּ תַּחֲזֹרִי
וְאֶת חַלּוֹן חַדְרֵךְ, הַפֶּצַע הַגָּדוֹל,
בֵּין סָגוּר וּבֵין פָּתוּחַ, בֵּין מוּאָר וּבֵין חָשׁוּךְ.

יֵשׁ רֵיחוֹת שֶׁל עֲגָה מִתּוֹךְ הַחָרְבָּה,
יֵשׁ חֲנוּת שֶׁבָּהּ מְחַלְּקִים סִפְרֵי תַּנָּ"ךְ חִנָּם,
חִנָּם, חִנָּם. יוֹתֵר מִנָּבִיא אֶחָד
כְּבָר יָצָא מִסִּבַּךְ הַסִּמְטָאוֹת הָאֵלֶּה
כְּשֶׁהַכֹּל מִתְמוֹטֵט עָלָיו וְהוּא נַעֲשָׂה אַחֵר.

אֲנִי עוֹלֶה בִּרְחוֹב הָרַב קוּק.
מִטָּתֵךְ עַל גַּבִּי כְּמוֹ צְלָב,
אַךְ קָשֶׁה לְהַנִּיחַ
שֶׁמִּטַּת אִשָּׁה תִּהְיֶה סֵמֶל שֶׁל דָּת חֲדָשָׁה.

In Rabbi Kook Street

I'm going up Rabbi Kook Street
without this good man.
A religious hat he wore for prayer
silk cylinder for government
fly in the wind of the dead
over me, float on the face of the water
of my dreams.
I get to Prophets Street, there aren't any,
and the Street of the Ethiopians, there are several. I'm
scouting out where you'll live after me,
I weave the nest for you alone,
fix my pain's place with my brow's sweat,
check the road you'll get back by
and the windows of your room, big wound,
between shut and open, light and dark.

Cake smells from inside the ruin,
a shop where they give out Bibles free,
free, free. More than one prophet's
emerged from this tangle of alleys
as if all's caved in and he becomes another.

I'm going up Rabbi Kook Street,
on my back your bed like a cross,
though it's hard to suppose
a woman's bed the icon of a new religion.

Translated by Dennis Silk

עַכְשָׁו בָּרַעַשׁ

עַכְשָׁו בָּרַעַשׁ לִפְנֵי הַדְּמָמָה
אֲנִי יָכוֹל לְהַגִּיד לָךְ אֶת הַדְּבָרִים,
אֲשֶׁר בַּדְּמָמָה לִפְנֵי הָרַעַשׁ לֹא אָמַרְתִּי,
כִּי הָיוּ שׁוֹמְעִים אוֹתָנוּ וּמְגַלִּים אֶת הַמַּחֲבוֹא.

שֶׁלֹּא הָיִינוּ אֶלָּא שְׁכֵנִים בָּרוּחַ הַנּוֹשֶׁבֶת,
סְמוּכִים יַחְדָּו בַּשֶּׁרֶב הָעַתִּיק מֵאֲרַם נַהֲרַיִם.
וְהַנְּבִיאִים הָאַחֲרוֹנִים שֶׁל מַלְכוּת עוּרְקִי
נִבְּאוּ לְתוֹךְ הָרָקִיעַ שֶׁל בְּשָׂרֵךְ.

וּמֶזֶג הָאֲוִיר הָיָה טוֹב לָנוּ וְלַלֵּב
וּשְׂרִירֵי הַשֶּׁמֶשׁ אֻמְּצוּ בָּנוּ בְּזָהָב
בָּאוֹלִימְפְּיָדָה שֶׁל רְגָשׁוֹת, עַל פְּנֵי אַלְפֵי צוֹפִים,
כְּדֵי שֶׁנֵּדַע, שֶׁנִּשָּׁאֵר, שֶׁיִּהְיוּ שׁוּב עֲנָנִים.

רְאִי, וְנִפְגַּשְׁנוּ בַּמָּקוֹם הַמְּגֻנֶּה, בַּזָּוִית
בָּהּ הֶחֱלָה הַהִסְטוֹרְיָה לַעֲלוֹת, שְׁקַטָה
וּבְטוּחָה מִן הַמַּעֲשִׂים הַנֶּחְפָּזִים.
וְהַקּוֹל הֵחֵל לְסַפֵּר בָּעֶרֶב, לְיַד מִטַּת הַיְלָדִים.

וְעַכְשָׁו מֻקְדָּם מִדַּי לְאַרְכֵיאוֹלוֹגְיָה
וּמְאֻחָר מִדַּי לְתַקֵּן אֶת הַנַּעֲשֶׂה.
קַיִץ יָבוֹא וְקוֹל צַעֲדֵי הַסַּנְדָּל הַקָּשֶׁה
יִטָּבַע בַּחוֹל הָרַךְ עַד עַד.

Now in the Storm

Now, in the storm before the calm,
I can tell you things I
couldn't in the calm before the storm,
for we'd have been overheard and found out.

That we were only neighbors in the breeze,
thrown together in an ancient Babylonian khamsin.
And the later prophets of my blood's kingdom
prophesied into the firmament of your flesh.

And the weather was good for us and our hearts,
and in us the sun's muscles grew strong and golden,
an Olympiad of feeling with thousands of spectators,
so that we'd know and stay on,
so that there'd be clouds again.

You see, we met in a well-defended spot, at the
point where history began; a quiet place,
free of hurried events.
And the voice began telling its story that evening,
by the children's bed.

And now, it's too soon for archaeology and
too late to change what's already done.
Summer will come, and the sound of hard
sandal steps will go on sinking into
the soft sand
forever.

Translated by Warren Bargad

חֲזָרָה מֵעֵין־גֶּדִי

מִן הַשֶּׁבַע הַיָּרֹק וְהַמֻּסְתָּר שֶׁל עֵין־גֶּדִי
חָזַרְנוּ לָעִיר הַקָּשָׁה. קָרָאתִי לָךְ רֶנְ־יָה,
עַל שֵׁם נַחַל הָעֲרוּגוֹת וְעַל שֵׁם הָעֶרְגָּה.
חָזַרְנוּ אֶל חַדְרֵנוּ הָרֵיק שֶׁכְּבָר הֻשְׂכַּר לָאֲחֵרִים
עַל הָרִצְפָּה מִזְרָן קָרוּעַ וּקְלִפּוֹת תַּפּוּז
וְגֶרֶב וְעִתּוֹן וּשְׁאָר סַכִּינֵי לֵב.

מַה לָּמַדְנוּ בְּעֵין־גֶּדִי? לֶאֱהֹב בַּמַּיִם.
מַה עוֹד? שֶׁהֶהָרִים יָפִים יוֹתֵר בְּהִתְפּוֹרְרָם.

הִבַּטְנוּ עוֹד פַּעַם מִן הַחַלּוֹן הַמְּקֻמָּר
רָאִינוּ אֶת אוֹתוֹ הָעֵמֶק יַחְדָּו, אַךְ כָּל אֶחָד
רָאָה עָתִיד שׁוֹנֶה, כִּשְׁנֵי מַגִּידֵי עֲתִידוֹת
הַחוֹלְקִים זֶה עַל זֶה בְּמַעֲמָד רְצִינִי וְדוֹמֵם.

יוֹם אַחַר שֶׁעֲזַבְנוּ כְּבָר עָבְרוּ אַלְפֵי שָׁנִים
פֶּתֶק הַנְּיָר שֶׁכָּתוּב עָלָיו "מָחָר בְּשֶׁבַע
בְּאוֹתוֹ הַמָּקוֹם" הִצְהִיב מִיָּד וְהִתְקַמֵּט
כִּפְנֵי יֶלֶד שֶׁנּוֹלַד זָקֵן.

Returning from Ein Gedi

From the green and hidden lushness of Ein Gedi,
we returned to the hard city. I called you Rejah
after the Arab name of the wadi
and after the Hebrew word for yearning.

We came back to our empty room already let to others.
On the floor a torn mattress and orange peels
and a sock, a newspaper and other knives for the heart.

What did we learn at Ein Gedi? To make love in the water.
What else? That mountains are more beautiful when they're
                                                    crumbling.

Once more we looked out of the arched window.
Together we saw the same valley, but each of us
saw a different future, like two fortunetellers
who disagree with each other in a serious and silent
                                                    encounter.

A day after we left thousands of years had already passed.
The piece of paper on which was written "Same place
tomorrow at seven" had yellowed and crumpled straight away
like the face of a child born old.

Translated by Tudor Parfitt and Glenda Abramson

מִמַּסְעוֹת בִּנְיָמִין הָאַחֲרוֹן מִטּוּדֵילָה

הִסְתּוֹבְבִי עַכְשָׁו. רְאוּ אֶת הַשֶּׁקַע
הָעוֹבֵר בַּגַּב וּמִתְעַמֵּק בֵּין עַכּוּזִים. מִי
יוּכַל לְהַגִּיד הֵיכָן אֵלֶּה מַתְחִילִים וְהֵיכָן
מִסְתַּיְּמִים הַיְרֵכַיִם; הִנֵּה הַתָּמוּכוֹת הַנּוֹעָזִים
שֶׁל אַגַּן הַיְרֵכַיִם, עַמּוּדִים שֶׁל רַגְלַיִם,
וְקַרְזוּל קָשׁוּט שְׂעַר הֶלֶנִיסְטִי
מֵעַל לָעֶרְוָה. הַקֶּשֶׁת הַגּוֹתִית הַשּׁוֹאֶפֶת
אֶל הַלֵּב וּכְמוֹ נֵר אֲדַמְדַּם בִּיזַנְטִי בֵּין
רַגְלֶיהָ. הִתְכּוֹפְפִי לְסִגְנוֹן מְאוּרִי מְבֻהָק,
הַשְּׁפָעָה צַלְבָּנִית נִכֶּרֶת בַּלְּסָתוֹת הַקָּשׁוֹת,
בַּסַּנְטֵר הַבּוֹלֵט. הִיא נוֹגַעַת בִּשְׁתֵּי כַּפּוֹתֶיהָ
בָּאֲדָמָה בְּלִי לְכוֹפֵף בִּרְכֶּיהָ, הִיא נוֹגַעַת
בָּאֲדָמָה שֶׁלֹּא נָשַׁקְתִּי אוֹתָהּ כְּשֶׁהוֹבֵאתִי
אֵלֶיהָ בְּיַלְדוּתִי. תְּבַקְּרוּ שׁוּב בָּאָרֶץ,
תְּבַקְּרוּ אֶת דִּמְעוֹתַי וְאֶת הָרוּחַ הַמִּזְרָחִית,
שֶׁהִיא הַכֹּתֶל הַמַּעֲרָבִי הָאֲמִתִּי. הִיא עֲשׂוּיָה
אַבְנֵי־רוּחַ גְּדוֹלוֹת וְהַבֶּכִי הוּא בְּכִי רוּחַ וְהַנְּגִינוֹת
הַמִּתְעַרְבְּלִים בָּאֲוִיר הֵם פִּתְקֵי הַתַּחֲנָה שֶׁתָּקַעְתִּי בֵּין
הַחֲרִיצִים. תְּבַקְּרוּ בָּאָרֶץ. בְּיוֹם בָּהִיר,
אִם הָרְאוּת הִיא טוֹבָה, אֶפְשָׁר
לִרְאוֹת אֶת הַנֵּס הַגָּדוֹל שֶׁל יַלְדֵי
הַמַּחֲזִיק אוֹתִי בִּזְרוֹעוֹתָיו וְהוּא בֶּן אַרְבַּע,
וַאֲנִי בֶּן אַרְבָּעִים וְאַרְבַּע.
וְכָאן גַּן־הַחַיּוֹת שֶׁל הָאַהֲבָה הַגְּדוֹלָה,
דּוּנָמִים שֶׁל אַהֲבָה. חַיּוֹת שְׂעִירוֹת נוֹשְׁמוֹת
בִּכְלוּבֵי רֶשֶׁת תַּחְתּוֹנִים, נוֹצוֹת וְשֵׂעָר
חוּם, דָּגִים אֲדֻמִּים בְּעֵינַיִם יְרֻקּוֹת,
לְבָבוֹת מְבֻדָּדִים מֵאֲחוֹרֵי סוֹרְגֵי צַלָעוֹת

from The Last Benjamin of Todela

1.

Turn over now. Look, the crease down the back that
deepens through the buttocks. Who
can say where they begin and where
the thighs end: see the bold supports
of the loins, columns of legs
and Hellenistic curlicues of hair
above the genitals. The Gothic arch that rises
toward the heart and the reddish Byzantine flame
between her legs. A distinct
Crusader influence in the hard jaws,
protuberant chin. If she stoops she'll be perfect Arabesque.
She can touch the floor with both hands
without bending her knees. She touches the earth
I didn't kiss when I was brought to it, a child.
Visit the country again,
visit my tears and the east wind,
the true Western Wall, made of great stones
of wind. The sobbing of wind and the bits
of paper blown by the wind are the entreaties
I stuck between the stones. Visit the country.
On a fine day, if the visibility is good, one can see
the miracle of my child
holding me in his arms, four years old.
And I forty-four.
And here is the zoo of greater love,
acres of love. Hairy animals breathing
in the cages of porous underpants, brown
feathers and fur, red fish with green eyes,
solitary hearts behind the bars of ribs

מְקַפְּצִים כַּקּוֹפִים, דָּגִים שְׂעִירִים וּנְחָשִׁים
בְּצוּרַת יָרֵךְ עֲגֻלָּה וּשְׁמֵנָה.
וְגוּף לוֹהֵט וּמֵאִיר אַדְמוּמִי, מְכֻסֶּה
בִּמְעִיל־גֶּשֶׁם לַח. זֶה מַרְגִּיעַ.

[ב]

אַרְבָּעִים וּשְׁתַּיִם שְׁנוֹת אוֹר וְאַרְבָּעִים
וּשְׁתַּיִם שְׁנוֹת לַיְלָה. גַּרְגְּרָן וְזַלְלָן,
זוֹלֵל וְסוֹבֵא כַּקֵּיסָרִים הָרוֹמִיִּים הָאַחֲרוֹנִים
בְּסִפְרֵי הַהִיסְטוֹרְיָה הַמְשֻׁמָּשִׁים, שֶׁרְבּוּטֵי צִיּוּר מְטֹרָף
וּכְתָב עַל הַקִּיר בְּבָתֵּי־כִּסֵּא,
קוֹרוֹת גְּבוּרָה וְכִבּוּשׁ וּשְׁקִיעָה
וְחַיֵּי שָׁוְא וּמוֹת שָׁוְא.
הֲפִיכוֹת וּמְרִידוֹת וְדִכּוּיֵּי מְרִידוֹת
תּוֹךְ כְּדֵי מִשְׁתֶּה. בִּכְתֹנֶת־לַיְלָה שְׁקוּפָה
וּמִתְנוֹסֶסֶת קַמְתְּ לְמֶרֶד נֶגְדִּי, שֵׂעָר
עָף כְּדֶגֶל לְמַעְלָה וְשֵׂעָר סָמוּר לְמַטָּה.
תְּרוּעָה, תְּרוּעָה גְדוֹלָה. שְׁבָרִים שֶׁל בַּקְבּוּק
וּתְרוּעָה. דִּכּוּי הַמֶּרֶד בִּרְצוּעוֹת חֲגוֹרַת
גַּרְבַּיִם שֶׁל אִשָּׁה, חֶנֶק בְּגַרְבַּיִם שְׁקוּפִים,
סְקִילָה בַּעֲקֵבִים חַדִּים שֶׁל נַעֲלֵי־נֶשֶׁף.
קְרָבוֹת־קִרְקָס שֶׁל חָמֵשׁ בְּשֶׁבֶר צַוָּאר בַּקְבּוּק
נֶגֶד רֶשֶׁת תַּחְתּוֹנִיּוֹת עֲדִינוֹת, נַעֲלַיִם
נֶגֶד מַלְמָלָה בּוּגְדָנִית, לָשׁוֹן נֶגֶד קִלְשׁוֹן,
חֲצִי דָג נֶגֶד חֲצִי אִשָּׁה. רְצוּעוֹת וְכַפְתּוֹרִים,
הִסְתַּבְּכוּת חֲזִיּוֹת מְקֻשָּׁטוֹת־נִצָּנִים בְּאַבְזָמִים
וַחֲגוֹר צְבָאִי. תְּרוּעָה וְדִכּוּי תְּרוּעָה.
צְעָקוֹת כַּדּוּרְגֶל מִן הַמִּגְרָשׁ הַסָּמוּךְ,
וַאֲנִי הָיִיתִי מֻנָּח עָלַיִךְ, כָּבֵד וְשָׁקֵט
כְּמִשְׁקֹלֶת, כְּדֵי שֶׁהָרוּחַ וְהַזְּמַן לֹא יוּכְלוּ
לְהָעִיף אוֹתָךְ מִכָּאן כַּנְּיָרוֹת וְכַשָּׁעוֹת.

24

jumping like monkeys, furry fish and snakes
like round fat thighs.
A blazing body a flame
covered with a damp rain coat. That is soothing.

2.
Forty-two light-years and forty-
two night-years. Drunkard and glutton
stuffing and feasting like the last Roman Caesars
in the secondhand history books, mad graffiti
and the writing on the wall in toilets,
heroic annals and conquest and decline,
vain life and vain death.
Revolt and rebellion and the suppression of rebellion
while banqueting. In a transparent nightdress
like a banner, you rose in revolt against me, hair
flying like a flag above, and bristling below.
Ram's horn blast, long blast. Crash of a broken bottle
and war cry. Suppression of revolt with the garter belt
of a woman. Suffocation with transparent stockings.
Stoning with the sharp heels of evening shoes.
Circus duels between a broken bottle neck
and a net of flimsy petticoats. Shoes
against treacherous gauze, tongue against fork,
half a fish against half a woman. Straps and buttons,
brassieres decorated with buds tangled with buckles
and army equipment. Fanfare and suppression of fanfare.
Football shouts from the nearby pitch.
And I was lying on you heavy and quiet
like a weight, so that the wind and time couldn't
blow you away like bits of paper and hours.

25

[ג]

זֶה יָכוֹל הָיָה לִהְיוֹת שִׁיר הַלֵּל
לָאֵל הַמָּתוֹק וְהַמְדֻמֶּה שֶׁל יַלְדוּתִי.
זֶה הָיָה בְּיוֹם שִׁשִּׁי, וּמַלְאָכִים שְׁחוֹרִים
מִלְאוּ אֶת עֵמֶק הַמַּצְלֵבָה, וְכַנְפֵיהֶם
הָיוּ בָּתִּים שְׁחוֹרִים וּמַחְצָבוֹת נְטוּשׁוֹת.
נֵרוֹת־שַׁבָּת עָלוּ וְיָרְדוּ כְּמוֹ אֳנִיּוֹת
בַּכְּנִיסָה לַנָּמֵל. בּוֹאִי כַּלָּה, בּוֹאִי כַּלָּה,
לִבְשִׁי בִּגְדֵי בְּכוּתֵךְ וְתִפְאַרְתֵּךְ
מִן הַלַּיְלָה שֶׁבּוֹ חָשַׁבְתְּ שֶׁלֹּא אָבוֹא אֵלַיִךְ
וּבָאתִי. הַחֶדֶר הָיָה מְשֻׁרֶה בְּרֵיחַ
מְשָׁרֵת דְּבַרְבָּנִים שְׁחוֹרִים וּמְשַׁכְּרִים.
עִתּוֹנִים פְּזוּרִים עַל הָרִצְפָּה רָשְׁרְשׁוּ מִלְמַטָּה
וּמַשַּׁק מְעוֹף הַלַּעֲנָה מִלְמַעְלָה.
אַהֲבָה עִם פְּרֵידָה, כְּמוֹ תַּקְלִיט
נְגִינָה עִם תְּשׁוּאוֹת בַּסּוֹף, אַהֲבָה
עִם צְעָקָה, אַהֲבָה עִם מִלְמוּל יֵאוּשׁ
שֶׁל הֲלִיכָה זְקוּפָה לָגְלוּת זֶה מִזֶּה.
בּוֹאִי כַּלָּה, הַחֲזִיקִי בְּיָדֵךְ מַשֶּׁהוּ עָשׂוּי חֶרֶס
בִּשְׁעַת הַשְּׁקִיעָה, כִּי בָּשָׂר נָמוֹג
וּבַרְזֶל אֵינוֹ נִשְׁמָר. הַחֲזִיקִי חֶרֶס בְּיָדֵךְ,
כְּדֵי שֶׁאַרְכֵיאוֹלוֹגִים בֶּעָתִיד יִמְצְאוּ וְיִזְכְּרוּ.
הֵם אֵינָם יוֹדְעִים שֶׁגַּם כַּלָּנִיּוֹת אַחַר הַגֶּשֶׁם
הֵן מִמְצָא אַרְכֵיאוֹלוֹגִי וּתְעוּדָה רַבָּה.

26

3.

This could have been a song of praise
to the sweet imaginary God of my childhood.
It was Friday, and black angels
filled the Valley of the Cross, their wings
black houses and abandoned quarries.
Sabbath candles rose and fell like ships
at the entrance to the harbor. Come Sabbath bride,
                                        come bride,
wear the clothes of mourning and of your glory
the night you thought I would not come to you
and I came. The room was tipsy with the smell
of black cherry preserve. Papers
scattered on the floor rustled below,
bitter wings scythed above.
Love with parting, like a record—
music with applause at the end, love
with a cry, love with the stammered despair
of the proud departure into exile from each other.
Come bride, hold something of clay in your hand
at the hour of sunset, for flesh dissolves
and iron doesn't keep. Hold clay in your hand
for future archaeologists to find and remember.
They do not know that poppies after rain
are also an archaeological find, rich evidence.

Translated by Ruth Nevo

אִם בְּפֶה מַר תֹּאמְרִי

אִם בְּפֶה מַר תֹּאמְרִי
מִלִּים מְתוּקוֹת, לֹא יִמְתַּק הָעוֹלָם
וְלֹא יֵמַר.

וְכָתוּב בַּסֵּפֶר שֶׁלֹּא נִפָּחֵד.
וְכָתוּב, שֶׁגַּם אֲנַחְנוּ נִשְׁתַּנֶּה,
כְּמוֹ הַמִּלִּים,
בֶּעָתִיד וּבֶעָבָר,
בָּרַבִּים וּבַבְּדִידוּת.

וְעוֹד מְעַט, בַּלֵּילוֹת שֶׁיָּבוֹאוּ,
נוֹפִיעַ כְּשַׂחֲקָנִים נוֹדְדִים,
הָאֶחָד בַּחֲלוֹם הַשֵּׁנִי
וּבַחֲלוֹמוֹת אֲנָשִׁים זָרִים שֶׁלֹּא יָדַעְנוּ יַחְדָּו.

If with a Bitter Mouth

If with a bitter mouth you will speak
sweet words, the world will
neither sweeten nor become more bitter.

And it is written in the book that we shall not fear.
And it is also written, that we shall change,
like the words,
in future and in past,
in the plural or in the solitary.

And soon in the coming nights
we shall appear, like wandering minstrels,
each in the other's dream.

And in these dreams
will be strangers
we did not know together.

Translated by Assia Gutmann

בִּזְמַנִּי, בִּמְקוֹמֵךְ

הָיִינוּ יַחְדָּו בִּזְמַנִּי וּבִמְקוֹמֵךְ.
אַתְּ נָתַתְּ אֶת הַמָּקוֹם וַאֲנִי אֶת הַזְּמַן.
שָׁקֵט וְנָמֵר הִמְתִּין גּוּפֵךְ בַּחֲלֹף הָעוֹנוֹת.
אֻפָנוֹת עָבְרוּ עָלָיו, לִקְצֹר וּלְהַאֲרִיךְ,
בִּפְרָחִים אוֹ בְּמֶשִׁי, בְּלָבָן אוֹ בְּצֶמֶד.

הֶחְלַפְנוּ עֶרְכֵי בְּנֵי-אָדָם לְעֶרְכֵי חַיּוֹת-בָּר,
שְׁקֵטִים וּנְמֵרִים וְשֶׁל נֶצַח,
וּבְכָל זֹאת מוּכָנִים לְהִשָּׂרֵף כָּל רֶגַע
עִם הָעֵשֶׂב הַיָּבֵשׁ בְּסוֹף הַקַּיִץ.

חִלַּקְתִּי אֶת הַיָּמִים אִתָּךְ. לֵילוֹת.
הֶחְלַפְנוּ מַבָּט עִם הַגֶּשֶׁם,
לֹא הָיִינוּ כְּחוֹלְמִים,
אַף בַּחֲלוֹמוֹתֵינוּ לֹא הָיִינוּ.
וּבְתוֹךְ אִי-הַשֶּׁקֶט לָן קִנֵּן
הַשֶּׁקֶט. בִּזְמַנִּי, בִּמְקוֹמֵךְ.

אֵין זֹאת כִּי אִם הַחֲלוֹמוֹת הָרַבִּים,
אֲשֶׁר אֲנִי חוֹלֵם עָלַיִךְ בְּלֵילוֹת הָאֵלֶּה,
יְבַשְּׂרוּ אֶת קִצֵּךְ אִתִּי,
כְּבַשֵּׂר רִבּוּי הַשְּׁחָפִים
אֶת קִרְבַת הַחוֹף.

In My Time, In Your Place

We were together in my time, in your place.
You gave the place and I the time.
Quietly your body waited for the seasons to change.
Fashions passed over it—to shorten, to lengthen,
with flowers or in white silk, clinging.

We swapped human values for those of beasts,
calm and tigerlike and forever.
And for all that, ready to burn at any moment
with the dry grass of the end of summer.

I divided the days with you, nights.
We exchanged a look with rain.
We were not like dreamers,
even in our dreams.

And in the unquiet nestled the quiet,
in my time, in your place.

The many dreams I now dream of you
prophesy your end with me—

As the multiplying crowds of sea gulls
come where the sea ends.

Translated by Assia Gutmann

חֲבָל. הָיִינוּ אַמְצָאָה טוֹבָה

הֵם קָטְעוּ
אֶת יְרֵכַיִךְ מִמָּתְנַי.
לְגַבֵּי הֵם תָּמִיד
רוֹפְאִים. כֻּלָּם.

הֵם פֵּרְקוּ אוֹתָנוּ
זֶה מִזּוֹ. לְגַבֵּי הֵם מְהַנְדְּסִים.

חֲבָל. הָיִינוּ אַמְצָאָה טוֹבָה
וְאוֹהֶבֶת: אֲוִירוֹן עָשׂוּי מֵאִישׁ וְאִשָּׁה,
כְּנָפַיִם וְהַכֹּל:
מְעַט הִתְרוֹמַמְנוּ מִן הָאָרֶץ,
מְעַט עַפְנוּ.

A Pity. We Were Such a Good Invention

They amputated
your thighs off my hips.
As far as I'm concerned
they are all surgeons. All of them.

They dismantled us
each from the other.
As far as I'm concerned
they are all engineers. All of them.

A pity. We were such a good
and loving invention.
An airplane made from a man and wife.
Wings and everything.
We hovered a little above the earth.

We even flew a little.

Translated by Assia Gutmann

כְּפִי גֻּמַת גּוּפֵינוּ

כְּפִי גֻּמַת גּוּפֵינוּ
לֹא יִשָּׁאֵר סִימָן שֶׁהָיִינוּ בַּמָּקוֹם הַזֶּה.
הָעוֹלָם נִסְגַּר מֵאֲחוֹרֵינוּ
הַחוֹל שׁוּב מִתְיַשֵּׁר.

וּכְבָר נִרְאִים תַּאֲרִיכִים,
שֶׁבָּהֶם לֹא תִּהְיִי עוֹד,
כְּבָר רוּחַ, שֶׁתָּבִיא עֲנָנִים שֶׁלֹּא
יַמְטִירוּ עָלֵינוּ.

וּשְׁמֵךְ בִּרְשִׁימַת נוֹסְעִים שֶׁל
אֳנִיּוֹת וּבְסִפְרֵי לָנִים
שֶׁל בָּתֵּי מָלוֹן, אֲשֶׁר
שְׁמִיעַת שְׁמוֹתֵיהֶם בִּלְבַד
מְמִיתָה אֶת הַלֵּב.

שָׁלֹשׁ הַשָּׂפוֹת, אֲשֶׁר אֲנִי יוֹדֵעַ,
כָּל הַצְּבָעִים, אֲשֶׁר אוֹתָם אֲנִי רוֹאֶה וְחוֹלֵם,
לֹא יַעַזְרוּ לִי.

Like Our Bodies' Imprint

Like our bodies' imprint,
not a sign will remain that we were in this place.
The world closes behind us,
the sand straightens itself.

Dates are already in view
in which you no longer exist,
already a wind blows clouds
which will not rain on us both.

And your name is already on the passenger lists of ships
and in the registers of hotels
whose names alone
deaden the heart.

The three languages I know,
all the colors in which I see and dream:

None will help me.

Translated by Assia Gutmann

בְּאֶמְצַע הַמֵּאָה הַזֹּאת

בְּאֶמְצַע הַמֵּאָה הַזֹּאת פָּנִינוּ זֶה אֶל זֶה
בַּחֲצִי פָנִים וּבִמְלֹא עֵינַיִם
כְּצִיּוּר מִצְרִי קָדוּם
וְלִזְמַן קָצָר.

הֶחֱלַקְתִּי עַל שְׂעָרֵךְ בְּכִוּוּן נֶגֶד לַמַּסָּע,
קָרָאנוּ זֶה לָזֶה
כִּקְרִיאַת שְׁמוֹת עָרִים שֶׁאֵין שׁוֹהִים בָּהֶן
לְאֹרֶךְ הַדֶּרֶךְ.

יָפֶה הוּא הָעוֹלָם הַמַּשְׁכִּים לָאָוֶן,
יָפֶה הוּא הָעוֹלָם הַנִּרְדָּם לְחֵטְא וּלְחֶסֶד,
בְּשַׁעַטְנֵז הֱיוֹתֵנוּ יַחְדָּו, אַתְּ וַאֲנִי.
יָפֶה הוּא הָעוֹלָם.

הָאֲדָמָה שׁוֹתָה בְּנֵי אָדָם וְאַהֲבוֹתֵיהֶם
כַּיַּיִן, כְּדֵי לִשְׁכֹּחַ. לֹא תוּכַל.
וּכְקַוֵּי הַגֹּבַהּ שֶׁל הָרֵי יְהוּדָה,
גַּם אָנוּ לֹא נִמְצָא מָנוֹחַ.

בְּאֶמְצַע הַמֵּאָה הַזֹּאת פָּנִינוּ זֶה אֶל זוֹ,
רָאִיתִי אֶת גּוּפֵךְ, מַטִּיל הַצֵּל, מְחַכֶּה לִי.
רְצוּעוֹת הָעוֹר שֶׁל נְסִיעָה אֲרֻכָּה
נִמְתְּחוּ זֶה כְּבָר בְּלִכְסֹן עַל חָזִי.
נָשָׂאתִי דְּבָרִים בְּשֶׁבַח מָתְנַיִךְ בְּנֵי הַמָּוֶת הַזֶּה,
נָשָׂאת דְּבָרִים בְּשֶׁבַח פְּנֵי הַחוֹלְפִים,

In the Middle of This Century

In the middle of this century we turned to each other
with half faces and full eyes
like an ancient Egyptian picture
and for a short while.

I stroked your hair
in the opposite direction to your journey.
We called to each other,
like calling out the names of towns
where nobody stops
along the route.

Lovely is the world rising early to evil,
lovely is the world falling asleep to sin and pity,
in the mingling of ourselves, you and I,
lovely is the world.

The earth drinks men and their loves
like wine,
to forget.
It can't.
And like the contours of the Judean hills,
we shall never find peace.

In the middle of this century we turned to each other,
I saw your body, throwing shade, waiting for me,
the leather straps for a long journey
already tightening across my chest.
I spoke in praise of your mortal hips,
you spoke in praise of my passing face.

הֶחְלַקְתִּי עַל שְׂעָרֵךְ בְּכִוּוּן הַמַּסָּע,
נָגַעְתִּי בִּמְבַשְׂרֵי סוֹפֵךְ,
נָגַעְתִּי בְּיָדֵךְ שֶׁמֵּעוֹלָם לֹא יָשְׁנָה,
נָגַעְתִּי בְּפִיךְ שֶׁאוּלַי אָז יָשִׁיר.

אֲבַק הַמִּדְבָּר כִּסָּה אֶת הַשֻּׁלְחָן,
שֶׁלֹּא אָכַלְנוּ מֵעָלָיו.
אַךְ כָּתַבְתִּי בּוֹ בְּאֶצְבָּעַי אֶת אוֹתִיּוֹת שְׁמֵךְ.

I stroked your hair in the direction of your journey,
I touched your flesh, prophet of your end,
I touched your hand, which has never slept,
I touched your mouth, which may yet sing.

Dust from the desert covered the table
at which we did not eat.
But with my finger I wrote on it
the letters of your name.

Translated by Assia Gutmann

תַּיֶּרֶת

הִיא הֶרְאֲתָה לִי אֶת שַׂעֲרָה הַמִּסְתּוֹבֵב
לְאַרְבַּע רוּחוֹת בּוֹאָה.
אֲנִי הֶרְאֵיתִי לָהּ כַּמָּה מִדַּרְכֵי חַיַּי הַמִּתְקַפְּלוֹת
וְאֶת הַתַּחְבּוּלָה וְאֶת הַמַּנְעוּל.
הִיא שָׁאֲלָה אוֹתִי עַל רְחוֹבִי וְעַל בֵּיתִי
וְצָחַקְתִּי בְּקוֹל רָם.
הִיא הֶרְאֲתָה לִי אֶת הַלַּיְלָה הָאָרֹךְ הַזֶּה
וְאֶת פְּנִים שְׁלֹשִׁים שְׁנוֹתֶיהָ.
אֲנִי הֶרְאֵיתִי לָהּ אֶת מְקוֹם הַתְּפִלִּין
שֶׁפַּעַם הִנַּחְתִּי.

הֵבֵאתִי לָהּ פִּתְגָּמִים וּפְסוּקִים וְחוֹל אֵילַת
וּמַתַּן תּוֹרָה וּמָן מוֹתִי וְכָל הַנִּסִּים
שֶׁלֹּא הֶעֱלוּ בִּי אֲרוּכָה.

הִיא הִצִּיגָה לְפָנַי אֶת הַשְּׁלַבִּים
שֶׁל הַשִּׂמְחָה וְאֶת מִשְׁנֵה יַלְדוּתָהּ.
אֲנִי גִּלִּיתִי לָהּ שֶׁדָּוִד הַמֶּלֶךְ אֵינוּ קָבוּר בְּקִבְרוֹ,
שֶׁאֲנִי אֵינֶנִּי חַי בְּחַיַּי.
הִיא הֶאֱמִינָה לִי.

בְּשָׁעָה שֶׁהִרְהַרְתִּי, הִיא אָכְלָה.
מַפַּת הָעִיר הָיְתָה פְּרוּשָׂה עַל הַשֻּׁלְחָן:
כַּף יָדָהּ הָאַחַת עַל קַטָמוֹן
כַּף יָדִי עַל כַּף יָדָהּ.
הַסֵּפֶל כִּסָּה אֶת הָעִיר הָעַתִּיקָה.
אֵפֶר נָשַׁר עַל מְלוֹן הַמֶּלֶךְ דָּוִד.
כְּאֵב אָבוֹת עָמַד לָנוּ.
בְּכִי קֶדֶם הִתִּיר לָנוּ אֶת הָעֲרָיוֹת.

Tourist

She showed me her swaying hair
in the four winds of her coming.
I showed her some of my folding ways of life
and the trick, and the lock.
She asked after my street and my house
and I laughed loudly.
She showed me this long night
and the interior of her thirty years.
I showed her the place where I once laid tefillin.

I brought her chapters and verses
and sand from Eilat
and the handing of the Torah
and the manna of my death
and all the miracles that have not yet healed in me.

She showed me the stages of joy
and her childhood's double.
I revealed to her that King David is not buried in his tomb
and that I don't live in my life.
She believed in me.

While I was reflecting and she was eating,
the city map lay open on the table—
her hand on Qatamon,
my hand on hers—
the cup covered the Old City,
ash dropped on the King David Hotel,
the fathers' pain stood before us,
and an ancient weeping
allowed us to lie together.

Translated by Assia Gutmann

מַר וְנִמְהָר

מַר וְנִמְהָר בָּא הַקֵּץ,
אַךְ אִטִּי וּמָתוֹק הָיָה הַזְּמַן שֶׁבֵּינֵינוּ,
אִטִּיִּים וּמְתוּקִים הָיוּ הַלֵּילוֹת,
כְּשֶׁיָּדַי לֹא נָגְעוּ בְּרֹאשׁ זוֹ בְּזוֹ
אֶלָּא, בְּאַהֲבָה, בְּגוּפֵךְ, שֶׁהִפְרִיד כָּךְ בֵּינֵיהֶן.
וּכְשֶׁבָּאתִי לְתוֹכֵךְ, הָיְתָה זֹאת הָאֶפְשָׁרוּת הַיְחִידָה
לְאֲשֶׁר גָּדוֹל לִהְיוֹת נִמְדָּד
בְּדִיּוּק שֶׁל כְּאֵב חַד. מַר וְנִמְהָר.

אִטִּיִּים וּמְתוּקִים הָיוּ הַלֵּילוֹת,
מַר וְחוֹרֵק כָּחֹל הַזְּמַן שֶׁל עַכְשָׁו.
"נִהְיֶה נְבוֹנִים", וּקְלָלוֹת דּוֹמוֹת לָאֵלֶּה.

וּכְכָל שֶׁאָנוּ מִתְרַחֲקִים מִן הָאַהֲבָה,
אָנוּ צְרִיכִים לְהַרְבּוֹת בְּדִבּוּר,
מִלִּים וּמִשְׁפָּטִים אֲרֻכִּים וּמְסֻדָּרִים.

אִלּוּ נִשְׁאַרְנוּ יַחְדָּו, הָיִינוּ
יְכוֹלִים לְהִשָּׁאֵר דְּמָמָה.

Quick and Bitter

The end was quick and bitter.
Slow and sweet was the time between us,
slow and sweet were the nights
when my hands did not touch one another in despair
but in the love of your body
which came between them.

And when I entered into you
it seemed then that great happiness
could be measured with the precision
of sharp pain. Quick and bitter.

Slow and sweet were the nights.
Now is bitter and grinding as sand—
"Let's be sensible" and similar curses.

And as we stray further from love
we multiply the words,
words and sentences so long and orderly.
Had we remained together
we could have become a silence.

Translated by Assia Gutmann

בְּעֶרֶב זֶה

בְּעֶרֶב זֶה, אֲנִי חוֹשֵׁב שׁוּב
עַל יָמִים רַבִּים, אֲשֶׁר הִקְרִיבוּ אֶת עַצְמָם
לְמַעַן לַיְלָה אֶחָד שֶׁל אַהֲבָה.
עַל הַבִּזְבּוּז וְעַל פְּרִי הַבִּזְבּוּז,
עַל הַשֶּׁפַע וְעַל הָאֵשׁ.
וְאֵיךְ בְּלִי כְּאֵב, הַזְּמַן.

רָאִיתִי דְּרָכִים מוֹבִילוֹת
מֵאִישׁ אַחֵר אֶל אִשָּׁה אַחֶרֶת.
רָאִיתִי חַיִּים מְחוּקִים
כְּמוֹ מִכְתָּב בַּגֶּשֶׁם.
רָאִיתִי שֻׁלְחָן שֶׁהִשְׁאַר עָלָיו
וְיַיִן שֶׁכָּתוּב עָלָיו "הָאַחִים"
וְאֵיךְ בְּלִי כְּאֵב, הַזְּמַן.

On This Evening

On this evening I think again
of the many days
that have sacrificed themselves
for just one night of love.
I think about this waste and this waste's fruit,
about abundance and about fire
and how without pain—time.

I've seen roads leading from one man
to another woman.
I've seen a life blurred
like a letter in the rain.
I've seen a dining table on which
things were left,
and wine on which was written, "The Brothers,"
and how without pain—time.

מַחְסָן יָשָׁן שֶׁל כֵּלִים

מַה זֶה? זֶה מַחְסָן יָשָׁן שֶׁל כֵּלִים.
לֹא, זוֹ אַהֲבָה גְּדוֹלָה שֶׁהָיְתָה.
חֲרָדָה וָאֲשֶׁר הָיוּ בַּחֹשֶׁךְ הַזֶּה
וְתִקְוָה. אוּלַי פַּעַם הָיִיתִי פֹּה,
לֹא הִתְקָרַבְתִּי לִרְאוֹת.

אֵלֶּה קְרִיאוֹת מִתּוֹךְ חֲלוֹם.
לֹא, זוֹ אַהֲבָה גְּדוֹלָה
לֹא, זֶה מַחְסָן שֶׁל כֵּלִים.

An Old Toolshed

What's this? This is an old toolshed.
No, this is a great past love.

Anxiety and Joy were here together
in this darkness
and Hope.
Perhaps I've been here once before.
I didn't go near to find out.

These are voices calling out of a dream.
No, this is a great love.
No, this is an old toolshed.

עֲצוֹת הָאַהֲבָה הַטּוֹבָה

עֲצוֹת הָאַהֲבָה הַטּוֹבָה: אַל תֹּאהַב
הָרְחוֹקוֹת. קַח לְךָ מִן הַקְּרוֹבוֹת,
כְּמוֹ שֶׁבַּיִת נָכוֹן לוֹקֵחַ לוֹ מֵאַבְנֵי הַמָּקוֹם
שֶׁסָּבְלוּ בַּקֹּר וְלָהֲטוּ בַּשֶּׁמֶשׁ וְנִצְרָבוּ.
קַח אֶת זוֹ עִם זֵר הַזָּהָב
סְבִיב הָאִישׁוֹן הָאָפֵל, שֶׁיֵּשׁ לָהּ
יְדִיעָה מְסֻיֶּמֶת עַל מוֹתְךָ. אֱהַב גַּם
בְּתוֹךְ הֶהָרוּס, כְּמוֹ הַדְּבַשׁ
בְּמַפֹּלֶת הָאַרְיֵה שֶׁל שִׁמְשׁוֹן.

וַעֲצוֹת הָאַהֲבָה הָרָעָה: בְּעֹדֶף
הָאַהֲבָה, שֶׁנִּשְׁאַר לְךָ מִן הַקּוֹדֶמֶת,
עֲשֵׂה לְךָ אִשָּׁה חֲדָשָׁה, וְעִם
מַה שֶּׁנִּשְׁאַר מִמֶּנָּה עֲשֵׂה לְךָ
אַהֲבָה חֲדָשָׁה,
עַד שֶׁלֹּא יִשָּׁאֵר לְךָ כְּלוּם.

Advice for Good Love

Advice for good love: Don't love
those from far away. Take yourself one
from nearby.
The way a sensible house will take
local stones for its building,
stones which have suffered in the same cold
and were scorched by the same sun.
Take the one with the golden wreath
around her dark eye's pupil, she
who has a certain knowledge
about your death. Love also inside
a ruin, like taking honey out of
the lion's carcass that Samson killed.

And advice for bad love: With
the love left over
from the previous one
make a new woman for yourself,
then with what is left of that woman
make again a new love,
and go on like that
until nothing remains.

עָבַרְתִּי לְיַד בַּיִת

עָבַרְתִּי לְיַד בַּיִת שֶׁבּוֹ גַּרְתִּי לְפָנִים:
אִישׁ וְאִשָּׁה לְחוּשִׁים בּוֹ עֲדַיִן יַחְדָּו,
שָׁנִים רַבּוֹת עָבְרוּ בְּזִמְזוּם שָׁקֵט
שֶׁל אוֹר הַחַשְׁמַל הַנִּדְלָק וְכָבָה וְנִדְלָק
בְּבֵית הַמַּדְרֵגוֹת.

חוֹרֵי הַמַּנְעוּלִים כִּפְצָעִים קְטַנִּים,
שֶׁבַּעֲדָם שָׁתַת כָּל הַדָּם. וּבִפְנִים
אֲנָשִׁים חִוְרִים כַּמָּוֶת.

אֲנִי רוֹצָה לַעֲמֹד שׁוּב כְּמוֹ בָּאַהֲבָה
הָרִאשׁוֹנָה לְיַד מְזוּזַת הַשַּׁעַר
חֲבוּקִים כָּל הַלַּיְלָה, בַּעֲמִידָה.
וּכְשֶׁעֲזַבְנוּ בַּשַּׁחַר הִתְחִיל הַבַּיִת
לְהִתְמוֹטֵט וּמֵאָז הָעִיר וּמֵאָז כָּל הָעוֹלָם.

אֲנִי רוֹצָה לְהִתְגַּעְגֵּעַ שׁוּב עַד
כְּתָמֵי כְּוִיָּה כֵּהִים בָּעוֹר.

אֲנִי רוֹצָה לִהְיוֹת שׁוּב כָּתוּב
בְּסֵפֶר הַחַיִּים, כָּל יוֹם לִהְיוֹת כָּתוּב,
עַד שֶׁהַיָּד הַכּוֹתֶבֶת תִּכְאַב.

I Passed a House

I passed a house where I once lived:
A man and a woman are still together in the whispers.
Many years have passed with the silent buzz
of staircase bulbs—on, off, on.

The keyholes are like small delicate wounds
through which all the blood has oozed out
and inside people are pale as death.

I want to stand once more as in my
first love, leaning on the doorpost
embracing you all night long, standing.
When we left at early dusk the house
started to crumble and collapse
and since then the town
and since then the whole world.

I want once more to have this longing
until dark-red burn marks show on the skin.

I want once more to be written
in the book of life, to be written
anew every day
until the writing hand hurts.

רֹאשִׁי, רֹאשִׁי

כְּשֶׁנֶּחְבַּט רֹאשִׁי בַּדֶּלֶת, צָעַקְתִּי
"רֹאשִׁי, רֹאשִׁי" וְצָעַקְתִּי "דֶּלֶת, דֶּלֶת".
וְלֹא צָעַקְתִּי, אִמָּא, וְלֹא, אֱלֹהִים.
וְלֹא אָמַרְתִּי חֲזוֹן אַחֲרִית יָמִים
עַל עוֹלָם שֶׁבּוֹ לֹא יִהְיוּ עוֹד רָאשִׁים וּדְלָתוֹת.

כְּשֶׁלִּטַּפְתְּ אֶת רֹאשִׁי לַחַשְׁתִּי
"רֹאשִׁי, רֹאשִׁי" וְלָחַשְׁתִּי "יָדֵךְ, יָדֵךְ".
וְלֹא לָחַשְׁתִּי, אִמָּא, וְלֹא, אֱלֹהִים.
וְלֹא רָאִיתִי מַרְאוֹת מֻפְלָאִים
שֶׁל יָדַיִם מְלַטְּפוֹת רָאשִׁים בַּשָּׁמַיִם הַנִּפְתָּחִים.

כָּל שֶׁאֲנִי צוֹעֵק וְאוֹמֵר וְלוֹחֵשׁ הוּא
לְנַחֵם אֶת עַצְמִי: רֹאשִׁי, רֹאשִׁי,
דֶּלֶת, דֶּלֶת, יָדֵךְ, יָדֵךְ.

My Head, My Head

When my head got banged on the door, I screamed,
"My head, my head." And I screamed, "Door, door."
And I did not scream, "Mother," and not, "God."
Nor did I speak of the vision of the End of Days
of a world where there will be no heads and doors anymore.

When you stroked my head I whispered,
"My head, my head," and I whispered, "Your hand, your hand."
And I did not whisper, "Mother," and not, "God."
And I did not see wonderful visions
of hands stroking heads in the opening heavens.

Whatever I scream and speak and whisper is
to comfort myself: My head, my head.
Door, door. Your hand, your hand.

הַמִּלִּים הָאֵלֶּה, כְּמוֹ עֲרֵמוֹת נוֹצוֹת

הַמִּלִּים הָאֵלֶּה, כְּמוֹ עֲרֵמוֹת נוֹצוֹת
בִּקְצֵה יְרוּשָׁלַיִם עַל שְׂפַת עֵמֶק הַמַּצְלֵבָה.
שָׁם יָשְׁבוּ בְּיַלְדוּתִי הַמּוֹרְטוֹת,
הַמִּלִּים הָאֵלֶּה כָּךְ מִתְעוֹפְפוֹת בָּעוֹלָם.
הַשְּׁאָר שָׁחוּט, אָכוּל, מְעֻכָּל, נִרְקָב וְנִשְׁכָּח.

אַנְדְּרוֹגִינוֹס הַזְּמַן, שֶׁהוּא לֹא יוֹם וְלֹא לַיְלָה,
מָחַק אֶת הָעֵמֶק הַזֶּה בְּגַנָּיו הַיְרֻקִּים,
וּפַעַם הָיוּ מְמַחֵי אַהֲבָה וּמְמָחוֹת
שֶׁעָשׂוּ בּוֹ בָּעֵשֶׂב הַיָּבֵשׁ בְּלֵילוֹת קַיִץ.

כָּךְ זֶה הִתְחִיל. מֵאָז, הַרְבֵּה מִלִּים
וְהַרְבֵּה אֲהָבוֹת. קְנִיַּת פְּרָחִים לָרֹב
לִילָדִים חַמּוֹת וּלְקִשּׁוּט קִבְרֵי מֵתִים.
כָּךְ זֶה הִתְחִיל, וְאֵינֶנִּי יוֹדֵעַ אֵיךְ זֶה יִגָּמֵר.
אַךְ עֲדַיִן מֵעֵבֶר לָעֵמֶק. מִכְאָב וּמֶרְחַקִּים
לַנֶּצַח נִקְרָא זֶה אֶל זֶה: "נִשְׁתַּנָּה!"

These Words, Like Heaps of Feathers

These words, like heaps of feathers
on the edge of Jerusalem, above the Valley of the Cross.
There, in my childhood, the women sat
plucking chickens.
These words fly now all over the world.
The rest is slaughtered, eaten,
digested, decayed, forgotten.

The hermaphrodite of time
who is neither day nor night
has wiped out this valley
with green well-groomed gardens.
Once experts of love used to come here
to perform their expertise
in the dry grass of summer nights.

That's how it started.
Since then—many words, many loves,
many flowers
bought for warm hands to hold
or to decorate tombs.

That's how it started
and I don't know how it will end.
But still, from beyond the valley,
from beyond pain and distance
we shall forever go on calling out
to each other: "We'll change."

מְאֻחָר בְּחַיַּי

מְאֻחָר בְּחַיַּי אֲנִי בָּא אֵלַיִךְ
וּמִסָּגֵן בְּהַרְבֵּה דְּלָתוֹת וְנִגְרָע בְּמַדְרֵגוֹת.
כִּמְעַט לֹא נִשְׁאָר מִמֶּנִּי.

וְאַתְּ אִשָּׁה מֻפְתַּעַת כָּזֹאת, חַיָּה בַּחֲצִי אֹמֶץ
אֵשֶׁת בָּר עִם מִשְׁקָפַיִם, הָרִתְמָה הָאֶלֶגַנְטִית שֶׁל עֵינַיִךְ.

"דְּבָרִים אוֹהֲבִים לָאֱבֹד וּלְהִמָּצֵא שׁוּב
עַל יְדֵי אֲחֵרִים; רַק בְּנֵי אָדָם אוֹהֲבִים
לִמְצֹא אֶת עַצְמָם." כָּךְ אָמַרְתְּ.

אַחַר כָּךְ שָׁבַרְתְּ אֶת פָּנַיִךְ הַשְּׁלֵמִים
לִשְׁנֵי פְּרוֹפִילִים, אֶחָד לַמֶּרְחָק
וְאֶחָד לִי לְמַזְכֶּרֶת וְהָלַכְתְּ לָךְ.

Late in Life

Late in life I came to you
filtered through many doors
reduced by stairs
till almost nothing remained of me.

You are such a surprised woman
living with half courage,
a wild woman wearing spectacles—
those elegant reins of your eyes.

"Things like to get lost and be
found again by others. Only
human beings love to find themselves,"
you said.

After that you broke your whole face
into two equal profiles: one
for the far distance, the other for me—
as a souvenir. And then you went.

בָּעֵמֶק הַזֶּה

בָּעֵמֶק הַזֶּה, אֲשֶׁר מַיִם רַבִּים
חָפְרוּ אוֹתוֹ בְּשָׁנוֹת אֵין סְפֹר
כְּדֵי שֶׁרוּחַ קַלָּה תַּעֲבֹר בּוֹ עַכְשָׁו
לְהָצֵן אֶת מִצְחִי, אֲנִי חוֹשֵׁב עָלַיִךְ.
אֲנִי שׁוֹמֵעַ מִן הַמּוֹרָד קוֹלוֹת
אָדָם וּמְכוֹנָה בַּהֲרִיסָה וּבַבְּנִיָּה.

וְיֵשׁ אֲהָבוֹת שֶׁאִי אֶפְשָׁר
לְהַעֲבִיר אוֹתָן אֶל מָקוֹם אַחֵר,
הֵן צְרִיכוֹת לָמוּת בִּמְקוֹמָן וְעִם זְמַנָּן,
כְּמוֹ רָהִיט יָשָׁן וּמְסֻרְבָּל
הַנֶּהֱרָס עִם הַבַּיִת שֶׁבּוֹ עָמַד.

אֲבָל הָעֵמֶק הַזֶּה הוּא סִכּוּי
לְהַתְחִיל מֵחָדָשׁ בְּלִי לָמוּת. לֶאֱהֹב
בְּלִי לִשְׁכֹּחַ אֶת הָאַהֲבָה הָאַחֶרֶת
וְלִהְיוֹת כָּרוּחַ הָעוֹבֶרֶת בּוֹ עַכְשָׁו
שֶׁלֹּא לָהּ נוֹעַד.

In This Valley

In this valley which many waters
carved out in endless years
so that the light breeze may now
pass through it to cool my forehead,
I think about you. From the hills I hear
voices of men and machines wrecking and building.

And there are loves which cannot
be moved to another site.
They must die at their place and in their time
like an old clumsy piece of furniture
that's destroyed together with
the house in which it stands.

But this valley is a hope
of starting afresh without having to die first,
of loving without forgetting the other love,
of being like the breeze
that passes through it now
without being destined for it.

לְיַד קִיר בַּיִת

לְיַד קִיר בַּיִת שֶׁקַּוֵּי אֲבָנִים מְצֻיָּרִים עָלָיו:
שָׁם רָאִיתִי מַרְאוֹת אֱלֹהִים.

לַיְלָה נְדוּד שֵׁנָה, שֶׁעוֹשֶׂה כְּאֵב רֹאשׁ לָאֲנָשִׁים,
עָשָׂה לִי פְּרָחִים נִפְתָּחִים בַּמֹּחַ.

וּמִי שֶׁאָבַד כַּכֶּלֶב
יִמָּצֵא כְּאָדָם וְיָשׁוּב וְיוּשַׁב.

הָאַהֲבָה אֵינֶנָּה הַחֶדֶר הָאַחֲרוֹן.
יֵשׁ אַחֲרָיו עוֹד, לְאֹרֶךְ הַפְּרוֹזְדוֹר
הָאָרֹךְ שֶׁאֵין לוֹ סוֹף.

On the Wall of a House

On the wall of a house on which
bricks were painted I saw
visions of God.

A sleepless night which makes others' heads ache
made flowers open up in my brain.

And he who was lost like a dog
will be found like a man and come back.

Love is not the last room:
There are others along
the long corridor that has no end.

.

אֱלֹהַי, הַנְּשָׁמָה שֶׁנָּתַתָּ בִּי

אֱלֹהַי, הַנְּשָׁמָה שֶׁנָּתַתָּ בִּי
הִיא עָשָׁן
מִשְׂרֶפֶת תָּמִיד שֶׁל זִכְרוֹנוֹת אַהֲבָה.
אָנוּ נוֹלָדִים וּמִיָּד מַתְחִילִים לִשְׂרֹף,
וְכָךְ עַד שֶׁהֶעָשָׁן כְּעָשָׁן יִכְלֶה.

My God, the Soul

My God, the soul
you gave me
is smoke—
from never-ending burnings
of memories of love.

The minute we are born
we start burning them
and so on
until the smoke
dies, like smoke.

שִׁיר אַהֲבָה מַלְכוּתִי

יָפָה אַתְּ כַּנְּבוּאוֹת
וַעֲצוּבָה כָּאֵלֶּה שֶׁמִּתְקַיְּמוֹת,
שְׁקֵטָה עִם הַשֶּׁקֶט שֶׁל־אַחַר־כָּךְ
שֶׁחָרָה בַּבְּדִידוּת הַלְּבָנָה שֶׁל יַסְמִין,
נִיבִים מְחֻדָּדִים בַּפֶּה: זְאֵבָה וּמַלְכָּה.

הַשִּׂמְלָה קְצָרָה שֶׁל עַכְשָׁו
אַךְ הַבְּכִי וְהַצְּחוֹק מִתְּקוּפָה קְדוּמָה,
אוּלַי סִפְרֵי מְלָכִים אֲחֵרִים.
מֵעוֹלָם לֹא רָאִיתִי קֶצֶף בְּנֶחִירֵי סוּס מִלְחָמָה שׁוֹטֵף
אַךְ כְּשֶׁהִקְצַפְתְּ סַבּוֹן עַל גּוּפֵךְ
רָאִיתִי.

יָפָה אַתְּ כַּנְּבוּאוֹת שֶׁלֹּא מִתְקַיְּמוֹת
וְזֹאת הַצַּלֶּקֶת הַמַּלְכוּתִית:
בַּלָּשׁוֹן לַעֲבֹר עָלֶיהָ, בְּיָד מְחֻדֶּדֶת
עַל הַחִסְפּוּס הַמָּתוֹק.

בְּנַעֲלַיִם קָשׁוֹת אַתְּ דּוֹפֶקֶת
סוֹרֵג־הָלוֹךְ־נָשׁוֹב עָלַי.
הַטַּבָּעוֹת הַפִּרְאִיּוֹת שֶׁלָּךְ
הֵן צָרַעַת קְדוֹשָׁה שֶׁל אֶצְבְּעוֹתַיִךְ.

מִתּוֹךְ הָאֲדָמָה עוֹלֶה
כֹּל שֶׁבִּקַּשְׁתִּי שׁוּב לֹא לִרְאוֹת:
עַמּוּד וָאֶדֶן, כַּרְכֹּב נָכֵד, שִׁבְרֵי יַיִן.

A Majestic Love Song

You are beautiful, like prophecies,
and sad, like those that come true,
calm, like the calmness afterward.
Black like the white loneliness of jasmine.
With sharpened fangs: she-wolf and queen.

Your very short dress is in fashion,
your weeping and laughter come from ancient times,
perhaps from some book of other kings.
I've never seen foam at the mouth of a war horse,
but when you lathered your body with soap
I saw.

You are beautiful like prophecies
that never come true.
And this is the royal scar;
I pass over it with my tongue
and with pointed fingers over that sweet roughness.

With hard shoes you knock
prison bars to and fro around me.

Your wild rings
are the sacred leprosy of your fingers.

Out of the earth emerge
all I wished never to see again:
Pillar and window sill, cornice and jug, broken pieces
of wine.

יֵשׁ הַרְבֵּה הֶסְתֵּר פָּנִים כָּאן,
(שֶׁל מִי מִמִּי?)
וּבַלַּיְלָה לִקְדֹחַ בְּשַׁרְבִיט הַזָּהָב הָעֵר
בַּתַּעֲנוּגוֹת, מִכֹּבֶד הַמַּלְכוּת וְהַלֵּאוּת.

There is so much face hiding here
(whose from whose?)
and at night, to stir with that
blind golden scepter
in pleasures.
With the weight of kingdom and tiredness.

טִיּוּל לְמָקוֹם יָפֶה

עִם נַעֲרָה יְהוּדִיָּה
שֶׁיֵּשׁ לָהּ תִּקְוָה אֲמֶרִיקָנִית
בָּעֵינַיִם, וּנְחִירֵי אַפָּהּ רְגִישִׁים
עֲדַיִן לָאַנְטִישֵׁמִיּוּת.

"מִנַּיִן לָךְ עֵינַיִם כָּאֵלֶּה?"
כָּאֵלֶּה לֹא מְקַבְּלִים בַּלֵּדָה.
כָּל כָּךְ הַרְבֵּה צֶבַע וְעַצְבוּת.

וּמְעִיל לָבְשָׁה שֶׁל חַיָּל מְשֻׁחְרָר
אוֹ מֵת, מִמִּלְחָמָה מְשֻׁמֶּשֶׁת
בְּנִצָּחוֹן אוֹ בְּמַפָּלָה.

"עַל מְדוּרַת מִכְתָּבִים נִשְׂרָפִים
אִי אֶפְשָׁר לְחַמֵּם אֲפִלּוּ סֵפֶל קָפֶה אֶחָד".

אַחַר כָּךְ לְהִתְרַחֵק עוֹד
לְמָקוֹם יָפֶה וּמֻסְתָּר,
שֶׁבּוֹ מְפַקֵּד מְנֻסֶּה וְחָכָם
הָיָה מַצִּיב אֶת הַמַּרְגֵּמוֹת.

"בַּקַּיִץ, שֶׁאַחֲרָיִךְ מִתְכַּסָּה
הַגִּבְעָה הַזֹּאת בְּמַחֲשָׁבָה רַכָּה".

Outing at Some Beautiful Place

With a Jewish girl
who has American hope
in her eyes and whose nostrils are still
very sensitive to anti-Semitism.

"Where did you get those eyes?"
Eyes like those one does not receive at birth—
so much color, so much sadness.

She wore the coat of a soldier, discharged
or dead—in victory or defeat—
in some worn-out war.

"On a bonfire of burned letters
it is impossible to cook even one cup of coffee."

After that to continue walking
to some beautiful, hidden place
at which a wise and experienced field commander
would have put his mortars.

"In summer, after you, this hill
gets covered by a soft thought."

פַּעַם אַהֲבָה גְדוֹלָה

פַּעַם, אַהֲבָה גְדוֹלָה חָתְכָה אֶת חַיַּי לִשְׁנַיִם.
וְהַחֵלֶק הָרִאשׁוֹן מַמְשִׁיךְ לְפַרְפֵּר
בְּמָקוֹם אַחֵר, כְּנָחָשׁ קָטוּעַ.
הַשָּׁנִים שֶׁחָלְפוּ הִרְגִּיעוּ אוֹתִי
וְהֵבִיאוּ רְפוּאָה לְלִבִּי וּמְנוּחָה לְעֵינִי.

וַאֲנִי כְּאִישׁ עוֹמֵד בְּמִדְבַּר יְהוּדָה
מוּל שֶׁלֶט "גְּבַהּ פְּנֵי הַיָּם",
וְלֹא יִרְאֶה אֶת הַיָּם, אֲבָל הוּא יוֹדֵעַ.
כָּךְ לִזְכֹּר פָּנַיִךְ בְּכָל מָקוֹם
בְּגֹבַהּ פָּנַיִךְ.

Once a Great Love

Once a great love cut my life in two.
The first part goes on twisting
at some other place like a snake cut in two.

The passing years have calmed me
and brought healing to my heart and rest to my eyes.

And I'm like someone standing in
the Judean desert, looking at a sign:
"Sea Level."
He cannot see the sea, but he knows.

Thus I remember your face everywhere
at your "face level."

שִׁיר אַהֲבָה

כָּבֵד וְעָיֵף עִם אִשָּׁה עַל מִרְפֶּסֶת:
"הִשָּׁאֲרִי אִתִּי". גַּם דְּרָכִים מֵתוֹת
כִּבְנֵי אָדָם; בְּשֶׁקֶט אוֹ פִּתְאֹם נִשְׁבָּרִים.
הִשָּׁאֲרִי אִתִּי. אֲנִי רוֹצֶה לִהְיוֹת אַתְּ.
בָּאָרֶץ הַלּוֹהֶטֶת הַזֹּאת,
מִלִּים צְרִיכוֹת לִהְיוֹת צֵל.

Love Song

Heavy and tired with a woman on a balcony:
"Stay with me." Roads die like people:
quietly or suddenly breaking.
Stay with me. I want to be you.
In this burning country
words have to be shade.

פְּלִיטָה צֶ׳כִית בְּלוֹנְדוֹן

בַּחֲצָאִית קְטִיפָה קְצָרָה מְאֹד וּשְׁחֹרָה,
פְּלִיטַת מִשְׁטָרוֹת, (אָבִיהָ כָּלוּא שָׁם.)
עָרְפָּהּ חֲזָקָה מְאֹד, כְּמוֹ עַיִן יְחִידָה
שֶׁל גִּבּוֹר מִלְחָמָה.
בִּירַכֶיהָ הַלְּבָנוֹת הִיא צוֹעֶדֶת, חֲזָקָה
תַּחַת הָרָקִיעַ הָאָפֹר הַזֶּה. "כָּל אֶחָד בִּזְמַנּוּ
עוֹשֶׂה אֶת שֶׁלּוֹ". אֶצְלֵנוּ, הַרְבֵּה מִדְבָּרוֹת
עִם מְעָרוֹת וְכוּכִים לְהִתְחַבֵּא בָּהֶם.
"עוֹשֶׂה אֶת הַמֻּטָּל עָלָיו"

הִיא נוֹהֶגֶת כָּאן כְּמוֹ בְּסֵפֶר לִמּוּד שֶׁל שָׂפָה זָרָה:
בַּבֹּקֶר הִיא קָמָה. הִיא מִתְרַחֶצֶת. (הִיא
לֹא חוֹשֶׁבֶת עָלַי.) הִיא מִתְלַבֶּשֶׁת.
הִיא חוֹזֶרֶת בָּעֶרֶב. הִיא קוֹרֵאת.
(הִיא לְעוֹלָם לֹא תַחְשֹׁב עָלַי.) הִיא יְשֵׁנָה,

"כְּשֶׁהָאֲוִיר מִתְרַכֵּךְ בְּסוֹף הָאָבִיב
אֲנִי מְגַלָּה כָּל שָׁנָה, שֶׁאֲנִי בְּלִי הֲגַנָּה".

A Czech Refugee in London

In a very short black velvet skirt,
a refugee of policies (her father in prison there),
her cunt as powerful as the only eye
of a war hero.
With her white thighs she walks strongly
under this gray sky. "Each one in his time
does his thing." (With us it's
many deserts with caves and holes to hide.)
"Does the things he has to do."

She behaves here as in a schoolbook for foreign languages:
In the morning she gets up. She washes. (She
doesn't think about me.) She dresses.
She comes back in the evening. She reads.
(She'll never think about me.) She sleeps.

"At the end of spring, when the air softens,
I find out once again that I'm without defenses."

אֲנָשִׁים מִשְׁתַּמְּשִׁים זֶה בָּזֶה

אֲנָשִׁים מִשְׁתַּמְּשִׁים זֶה בָּזֶה
כְּמַרְפֵּא לִכְאֵבָם. אֶחָד אֶת הַשֵּׁנִי
שָׂמִים עַל הַפְּצָעִים הַקִּיּוּמִיִּים שֶׁלָּהֶם,
עַל הָעַיִן, עַל הָעֶרְוָה, עַל הַפֶּה וְעַל הַיָּד הַפְּתוּחָה.
תּוֹפְשִׂים זֶה אֶת זֶה וְלֹא רוֹצִים לְהָנִיחַ.

People Use Each Other

People use each other
as a healing for their pain. They put each other
on their existential wounds,
on eye, on cunt, on mouth and open hand.
They hold each other hard and won't let go.

כֶּלֶב אַחֲרֵי הָאַהֲבָה

אַחֲרֵי שֶׁעָזַבְתְּ אוֹתִי
נָתַתִּי לְכֶלֶב גַּשֹּׁשׁ לְהָרִיחַ
בְּחָזִי וּבְבִטְנִי. יְמַלֵּא נְחִירָיו
וְיֵצֵא לִמְצֹא אוֹתָךְ.

אֲנִי מְקַוֶּה שֶׁיִּמְצָא וְיִקְרַע
אֶת אֶשְׁכֵי מְאַהֲבֵךְ וְיִכְרֹת שְׁפָכָתוֹ
אוֹ לְכָל הַפָּחוֹת
יָבִיא לִי גֶּרֶב שֶׁלָּךְ בֵּין שִׁנָּיו.

A Dog After Love

After you left me
I let a dog smell at
my chest and my belly. It will fill its nose
and set out to find you.

I hope it will tear the
testicles of your lover and bite off his penis
or at least
will bring me your stockings between his teeth.

לְדַבֵּר עַל שִׁנּוּיִים הָיָה לְדַבֵּר אַהֲבָה

כְּבָר מִזְמַן לֹא שָׁמַעְתִּי מֵאִתָּךְ
וְלֹא קִבַּלְתִּי אֲפִלּוּ פִּסַּת נְיָר,
אֲפִלּוּ כְּמוֹ רִשְׁמֵי מִמְשָׁרָדִים
שֶׁשָּׁכְחוּ אֶת שְׁמִי וְאֶת קִיּוּמִי.

מְכוֹנַת הַדּוֹרוֹת עֲדַיִן מְתוּקָה
בֵּין רַגְלַי, אַךְ מִזְמַן לֹא חַשְׁתִּי
בֵּין עֵינַי מְתִיקוּת שֶׁל מִכְתָּב.

לֹא נִשְׁאַרְנוּ יַחְדָּו דֵּי זְמַן
כְּדֵי שֶׁיַּעֲשׂוּ אוֹתָנוּ לְמַצֵּבָה שֶׁל אוֹהֲבִים.

עַכְשָׁו זְמַן בָּא בִּמְקוֹם זְמַן,
עֲצָבוֹת מַחֲלִיפָה אֲנָשִׁים כְּמוֹ בְּגָדִים
וּפָנַיִךְ הָרְצִינִיּוֹת פּוֹרְסוֹת אֶת חַיַּיִךְ:
כָּל פְּרוּסָה עִם אָדָם אַחֵר.

וּפַעַם דִּבַּרְנוּ עַל שִׁנּוּיִים.
וּלְדַבֵּר עַל שִׁנּוּיִים הָיָה לְדַבֵּר אַהֲבָה.

To Speak About Changes Was to Speak Love

It's a long time since I have heard from you.
I have not received even a little piece of paper,
even like an official notice from offices
which have forgotten my name and my existence.

The generation machine is still sweet
between my thighs, but for a long time
I haven't felt the sweetness of a letter between my eyes.

We did not stay long enough together
to erect for ourselves a lovers' monument.

Now time comes in place of time.
Sadness is changing its people like clothes
and your serious face is slicing your life:
each slice with another man on it.

Once we talked about changes.
To speak about changes was to speak love.

הַאַרְלֶם, סִפּוּר מֵת

בְּקָפֶה "הַרְמוֹנְיָה", רוֹטֶרְדַם,
בְּעֶרֶב אַחֲרוֹן אֶחָד.
יָדוֹ מֻנַּחַת בֵּין רַגְלֶיהָ
יָדָהּ עַל הַשֻּׁלְחָן
יָפָה וְחִוֶּרֶת,
כְּמוֹ אִידֵיאָלִיסְטִים
שֶׁהִתְאַכְזְבוּ.

חַדְרֵי הָרַחְצָה בַּמַּרְתֵּף
הֵם לְבָנִים וּשְׁקֵטִים מְאֹד
יָרַדְתָּ לְשָׁם וּבָכִיתָ בָּהֶם אַחַר זְמַן רַב
שׁוּב.

נִדְמֶה לְךָ שֶׁכְּבָר הָיִיתָ כָּאן
וּמִתְבָּרֵר לְךָ פִּתְאֹם כִּי
בֶּאֱמֶת כְּבָר הָיִיתָ.

אַתָּה מֵבִיא אֶת עַצְמְךָ לָרַכֶּבֶת.
אַתָּה מְצַדֵּךְ בְּסֵדֶר.
הֶחָצֵר בִּירוּשָׁלַיִם
הָיְתָה טָעוּת.
הַאַרְלֶם
סִפּוּר מֵת.

Haarlem, a Dead Story

At the Harmonie Café, Rotterdam,
one last evening. His hand
resting between her thighs,
her hands on the table,
beautiful and pale,
like disillusioned
idealists.

The washrooms are in the basement,
white and very quiet.
You went down there and wept,
after so many years, again.
It seemed you had been here before
and you realize, suddenly,
you had.

So you bring yourself to the train.
You are all right.
The little courtyard in Jerusalem
was a mistake,
Haarlem,
a dead story.

רוּת, הָאֹשֶׁר מַהוּ?

רוּת, הָאֹשֶׁר מַהוּ? צָרִיךְ הָיָה
לְדַבֵּר עַל כָּךְ וְלֹא דִבַּרְנוּ.
הַמַּאֲמַצִּים שֶׁאָנוּ עוֹשִׂים לְהֵרָאוֹת מְאֻשָּׁרִים
גּוֹזְלִים אֶת כֹּחֵנוּ, כְּמוֹ מֵאֲדָמָה עֲיֵפָה.

נֵלֵךְ הַבַּיְתָה, אֶל בָּתִּים שׁוֹנִים,
"וּבְמִקְרֶה שֶׁלֹּא נִתְרָאֶה שׁוּב".

תִּיק הַצַּד שֶׁמָּשַׁךְ אֶת כְּתֵפֵךְ
עָשָׂה אוֹתָךְ לְנוֹדֶדֶת יְעִילָה
בְּלִי שִׁוּוּי מִשְׁקָל עִם מַבָּט בָּהִיר.

כְּשֶׁהָרוּחַ הַמְּרִימָה עֲנָנִים, תָּרִים
גַּם אֶת לִבִּי וְתָבִיא אֶל מָקוֹם אַחֵר,
זֶהוּ הָאֹשֶׁר הָאֲמִתִּי.

"וּבְמִקְרֶה שֶׁלֹּא נִתְרָאֶה שׁוּב".

Ruth, What Is Happiness?

Ruth, what is happiness? We should have
talked about it, but we didn't.
The efforts we make to look happy
drain our strength, as from tired soil.

Let's go home. To different homes.
"And in case we don't see each other anymore."

Your bag slung over your shoulder
made you an efficient wanderer,
unbalanced but with bright eyes.

When the wind, lifting clouds,
will lift my heart as well and
bring it to another place—
that's true happiness.

"And in case we don't see each other anymore."

מִכְתָּב

לָשֶׁבֶת עַל מִרְפֶּסֶת מָלוֹן בִּירוּשָׁלַיִם
וְלִכְתֹּב: מְתוּקִים עוֹבְרִים הַחַיִּים
מִמִּדְבָּר עַד יָם. וְלִכְתֹּב: דְּמָעוֹת
מִתְיַבְּשׁוֹת כָּאן מַהֵר. הַכֶּתֶם הַזֶּה הוּא
דִּמְעָה שֶׁהִמְסָה דְיוֹ. כָּךְ כָּתְבוּ בַּמֵּאָה
הָאַחֲרוֹנָה. "הִקַּפְתִּי אוֹתוֹ בְּעִגּוּל".

הַזְּמַן עוֹבֵר, כְּמוֹ אֶחָד שֶׁבַּטֶּלֶפוֹן
צוֹחֵק אוֹ בּוֹכֶה רָחוֹק מִמֶּנִּי:
אֶת אֲשֶׁר שָׁמַעְתִּי לֹא רָאִיתִי
וְאֶת אֲשֶׁר רָאִיתִי לֹא שָׁמַעְתִּי.

לֹא נִזְהַרְנוּ כְּשֶׁאָמַרְנוּ "בַּשָּׁנָה הַבָּאָה"
אוֹ "לִפְנֵי חֹדֶשׁ". מִלִּים אֵלֶּה הֵן
כְּשִׁבְרֵי זְכוּכִית שֶׁאֶפְשָׁר בָּהֶן לִפְצֹעַ
אוֹ לַחְתֹּךְ עוֹרְקִים, לְאֵלֶּה הָעוֹשִׂים כָּךְ.

אֲבָל יָפָה הָיִית כְּפֵרוּשָׁם
שֶׁל סְפָרִים עַתִּיקִים.
עֹדֶף הַנָּשִׁים בָּאָרֶץ הָרְחוֹקָה
הֵבִיא אוֹתָךְ אֵלַי, אַךְ
תּוֹרַת סִכּוּיִים אַחֶרֶת
לָקְחָה אוֹתָךְ שׁוּב מִמֶּנִּי.

לִחְיוֹת הוּא לִבְנוֹת אֳנִיָּה וְנָמֵל
בְּעֵת וּבְעוֹנָה אַחַת, וּלְהַשְׁלִים אֶת הַנָּמֵל
כְּשֶׁהָאֳנִיָּה כְּבָר טָבְעָה מִזְּמַן.

וּלְסַיֵּם: אֲנִי זוֹכֵר רַק
שֶׁהָיָה עֲרָפֶל. וּמִי שֶׁזּוֹכֵר כָּךְ,
מַה הוּא זוֹכֵר?

Letter

To sit on the veranda of a hotel in Jerusalem
and to write: Sweetly pass the days
from desert to sea. And to write: Tears, here,
dry quickly. This little blot
is a tear that has melted ink. That's how
they wrote a hundred years ago. I have
drawn a circle around it.

Time passes—like somebody on a telephone
who is laughing or weeping far away from me:
What I hear, I don't see.
What I see, I don't hear.

We were not careful when we said "next year"
or "a month ago." These words are like
glass splinters, which you can hurt yourself with,
or cut veins. People do things like that.

But you were beautiful, like the interpretation
of ancient books.
Surplus of women in your far country
brought you to me, but
other statistics have taken you
away from me.

To live is to build a ship and a harbor
at the same time. And to complete the harbor
long after the ship has sunk.

And to finish: I remember only
that there was mist. And whoever
remembers only mist—
what does he remember?

בְּעַרְמוּמִיּוּת עֲצוּבָה

בְּעַרְמוּמִיּוּת עֲצוּבָה לָמַדְתְּ
לְהוֹצִיא אַהֲבָה מִן הָעוֹלָם.
בְּקוֹל לַחוּץ וְחָצוּף שֶׁל נַעֲרֵי רְחוֹב
אַתְּ אוֹמֶרֶת דְּבָרִים רַכִּים
וְהַגּוּף הִצְמִיחַ שֵׂעָר מְבֹהָל
בִּמְקוֹמוֹת הַנְּבוּאָה.

אֲבָל עוֹרֵךְ הוּא הָעוֹר הַחִיצוֹנִי
שֶׁל כָּל מַה שֶּׁקָּרָה בָּעוֹלָם.
כְּשֶׁאֲנִי מְלַטֵּף אוֹתָךְ בַּלַּיְלָה
אֲנִי מְלַטֵּף מִלְחָמוֹת וּמַלְכֵי קֶדֶם
וְעַמִּים נוֹדְדִים אוֹ נָחִים בִּשְׁלוֹמָם.

אֲנִי מַחֲזִיק בְּיָדִי אֶת יָדֵךְ
שֶׁבָּהּ הַמִּטְפַּחַת, שֶׁבָּהּ הַדְּמָעוֹת,
שֶׁבָּהֶן הַמֶּלַח, מֶלַח מַלְחֵי הַמְּלָחִים.

With Sad Slyness

With sad slyness you've learned
to extract love from this world.
With the pressed and insolent voice of street urchins
you speak soft words
and your body has grown frightened hair
at its prophecy spots.

Your skin is the outer skin
of all that has ever happened.
When I caress you at night
I caress wars and ancient kings
and whole nations wandering
or resting at peace.

I hold your hand
in which you hold a handkerchief
in which there are tears,
in which there is salt—
the Salt of Salts.

אַהֲבָה אִידֵיאָלִית

לְהַתְחִיל אַהֲבָה כָּךְ: בִּירִיַּת תּוֹתָח,
כְּמוֹ רַמְדָּאן.
זוֹ דָת! אוֹ בִּתְקִיעַת שׁוֹפָר
בֶּאֱלוּל לְגָרֵשׁ הַחַטָּאִים.
זוֹ דָת! זוֹ אַהֲבָה.

הַנְּפָשׁוֹת לַחֲזִית!
לַקּוּ הָרִאשׁוֹן שֶׁל הָעֵינַיִם.
לֹא לְהִתְחַבֵּא בָּעֹרֶף הַלָּבָן. הָרְגָשׁוֹת
הַחוּצָה, מִן הַבֶּטֶן הַשְּׁמֵנָה, קָדִימָה!
הָרְגָשׁוֹת לִקְרַב פָּנִים אֶל פָּנִים!

אֲבָל לִשְׁמֹר אֶת הַדֶּרֶךְ לַיַּלְדוּת פְּנוּיָה,
כְּפִי שֶׁגַּם הַצָּבָא הַמְנַצֵּחַ בְּיוֹתֵר
יַשְׁאִיר לוֹ דֶּרֶךְ לִנְסִיגָה.

Ideal Love

To start love like this: with a cannon shot
like Ramadan.
That's a religion! Or with the blowing of a ram's horn,
as at the High Holidays, to exorcise sins.
That's a religion! That's a love!

Souls—to the front!
To the firing line of eyes.
No hiding back in the white neck.
Emotions—out of the fat belly, forward!
Emotions—out for close combat!

But let's keep the route to childhood open—
even the most victorious army leaves
a line of retreat open.

שָׁנָה בִּירוּשָׁלַיִם

בְּעוֹד עַם נִבְחָר
הוֹפֵךְ לִהְיוֹת עַם כְּכָל הָעַמִּים
וּבוֹנֶה אֶת בָּתָּיו וְסוֹלֵל אֶת כְּבִישָׁיו
וּפוֹתֵחַ אֶת אַדְמָתוֹ לִצְנוֹר וּמַיִם,
אָנוּ שׁוֹכְבִים בִּפְנִים בַּבַּיִת הַנָּמוּךְ,
בְּנֵי זְקוּנִים שֶׁל הַנּוֹף הַזָּקֵן הַזֶּה,
הִתְקָרֵה קְמוּרָה עָלֵינוּ בְּאַהֲבָה
וְהַנְּשִׁימָה בְּפִינוּ הִיא
כְּפִי שֶׁנִּתְּנָה לָנוּ
וּכְפִי שֶׁנָּשִׁיב אוֹתָהּ.

שֵׁנָה הִיא בְּמָקוֹם שֶׁיֵּשׁ אֲבָנִים.
בִּירוּשָׁלַיִם יֵשׁ שֵׁנָה. הָרַדְיוֹ
מֵבִיא צְלִילֵי יוֹם מֵאֶרֶץ שֶׁבָּהּ יוֹם.
וּמִלִּים שֶׁאֶצְלֵנוּ מָרוֹת
כְּשֶׁקֶר שָׁכוּחַ עַל עֵץ,
מוּשָׁרוֹת בְּאֶרֶץ רְחוֹקָה וּמְתוּקוֹת.

וּכְאֵשׁ בַּלַּיְלָה בְּגֶזַע הַזַּיִת הֶחָלוּל
לֹא רָחוֹק מִיְּשֵׁנִים
לֵב־תָּמִיד בּוֹעֵר מֵאָדָם.

Sleep in Jerusalem

While a chosen people
becomes a nation like all the nations,
building its houses, paving its highways,
breaking open its earth for pipes and water,
we lie inside, in the low house,
late offspring of this old landscape.
The ceiling is vaulted above us with love
and the breath of our mouth
is as it was given us
and as we shall give it back.

Sleep is where there are stones.
In Jerusalem there is sleep. The radio
brings day tunes from a land
where there is day.
And words that here are bitter,
like last year's almond on a tree,
are sung in a far country, and sweet.

And like a fire
in the hollowed trunk of an olive tree
an eternal heart is burning red
not far from the two sleepers.

Translated by Harold Schimmel

כּוּשִׁית לְבָנָה

אֲנִי מִתְגַּעְגֵּעַ שׁוּב
עַל חַלּוֹנוֹת זָרִים מוּאָרִים.
אוּלַי אָדָם, אוּלַי עוֹמֵד, אוּלַי
לִפְנֵי רְאִי.
אוֹ כִּי שֶׁלֶג לָבָן נוֹפֵל בִּפְנִים,
מֶלֶךְ זָר שׁוֹכֵב
עַל אִשָּׁה שֶׁהָיְתָה יְכוֹלָה
לִהְיוֹת שֶׁלִּי.

כּוּשִׁית לְבָנָה בִּרְחוֹב הַחַבָּשִׁים
שֶׁיֵּשׁ לָהּ קוֹל נַעַר נוֹעָז
לִפְנֵי שֶׁנִּשְׁבַּר.

כְּשֶׁאֵשֵׁב אַתָּה בָּאַמְבָּט חַם
אֶשְׁמַע מִן הַסִּמְטָאוֹת
וִכּוּחִים עַל דָּת.

White Negress

Again I long for
strange lighted windows.
Maybe a man, maybe stands, maybe
before a mirror.
Or that white snow falls inside,
a strange king lies
on a woman that might have
been mine.

A white Negress on the Street of the Abyssinians
that has the voice of a daring boy
before it breaks.

When I'll sit with her in a hot bath
I'll hear from the alleys
arguments on religions.

Translated by Harold Schimmel

כְּמוֹ שֶׁהָיָה

כְּמוֹ שֶׁהָיָה.
כְּשֶׁהַמַּיִם אֲשֶׁר שָׁתִינוּ בַּלֵּילוֹת, אַחַר כָּךְ,
הָיוּ כָּל הַיַּיִן בָּעוֹלָם.

וּדְלָתוֹת, שֶׁלְּעוֹלָם לֹא אֶזְכֹּר,
אִם הֵן נִפְתָּחוֹת פְּנִימָה אוֹ חוּצָה,
כַּפְתּוֹרִים בִּמְבוֹא בֵּיתֵךְ
לְהַדְלִיק אוֹר, לְצַלְצֵל אוֹ לְאַלֵּם.

כָּךְ רָצִינוּ. כָּךְ רָצִינוּ?
בִּשְׁלֹשֶׁת הַחֲדָרִים שֶׁלָּנוּ,
לְיַד הַחַלּוֹן הַפָּתוּחַ,
הִבְטַחְתְּ לִי שֶׁלֹּא תִּפְרֹץ מִלְחָמָה.

נָתַתִּי לָךְ שָׁעוֹן בִּמְקוֹם
טַבַּעַת נִשּׂוּאִין: זְמַן עָגֹל וָטוֹב,
הַפְּרִי הַבָּשֵׁל בְּיוֹתֵר
שֶׁל נְדוּדֵי שֵׁנָה וָנֶצַח.

Just As It Was

Just as it was.
When the water we drank in the nights, afterward,
was all the wine in the world.

And doors, I'll never remember
whether they open in or out,
switches at the entrance to your house
to turn on lights, for ringing or silence.

We wanted it that way. Is that the way we wanted it?
In our three rooms,
by the open window,
you promised me there would be no war.

I gave you a watch instead of
a wedding ring: good and round time,
the ripest fruit
of sleeplessness and forever.

Translated by Harold Schimmel

אַחֲרוֹן יָבֵשׁ הַשַּׁעַר

אַחֲרוֹן יָבֵשׁ הַשַּׁעַר.
כְּשֶׁכְּבָר הָיִינוּ רְחוֹקִים מִן הַיָּם,
כְּשֶׁמְּלִים וָמֶלַח, שֶׁנִּתְעַרְבְּבוּ עָלֵינוּ,
נִפְרְדוּ זֶה מִזֶּה בַּאֲנָחָה,
וְגוּפֵךְ לֹא הֶרְאָה שׁוּב
סִימָנֵי קַדְמוּת נוֹרָאָה.
וְלַשָּׁוְא שָׁכַחְנוּ דְּבָרִים אֲחָדִים בַּחוֹף,
כְּדֵי שֶׁתִּהְיֶה לָנוּ אֲמַתְלָה לָשׁוּב.
לֹא שַׁבְנוּ.

וּבְיָמִים אֵלֶּה אֲנִי זוֹכֵר אֶת הַיָּמִים
שֶׁשִּׁמְךָ נִקְרָא עֲלֵיהֶם, כְּמוֹ שֵׁם עַל אֳנִיָּה.
וְכֵיצַד רָאִינוּ דֶּרֶךְ שְׁתֵּי דְּלָתוֹת פְּתוּחוֹת
אָדָם אֶחָד שֶׁחָשַׁב וְכֵיצַד הִבַּטְנוּ
בָּעֲנָנִים בַּמַּבָּט הָעַתִּיק שֶׁיָּרַשְׁנוּ מֵאֲבוֹתֵינוּ
שֶׁחִכּוּ לַגֶּשֶׁם,
וְכֵיצַד בַּלַּיְלָה, כְּשֶׁהוּצַן הָעוֹלָם,
שָׁמַר גּוּפֵךְ עַל חֻמּוֹ הַרְבֵּה זְמַן,
כְּמוֹ יָם.

Your Hair Dried Last

Your hair dried last.
When we were already far from the sea,
when words and salt, which mixed on us,
separated from each other
with a sigh,
and your body no longer showed
signs of terrible antecedents.
In vain we forgot a few things on the beach,
as a pretext to return.
We did not return.

And these days I remember the days
on which your name was fixed like a name on a ship.
And how we saw, through two open doors,
a man thinking, and how we looked
at the clouds with the ancient look
we inherited from our fathers
waiting for rain,
and how at night, when the world had cooled,
your body held on to its heat a long time
like a sea.

Translated by Harold Schimmel

בְּמֶשֶׁךְ אַהֲבָתֵנוּ הֻשְׁלְמוּ בָּתִּים

בְּמֶשֶׁךְ אַהֲבָתֵנוּ הֻשְׁלְמוּ בָּתִּים
וּמִישֶׁהוּ, שֶׁלֹּא יָדַע,
לָמַד לְנַגֵּן בֶּחָלִיל. תַּרְגִּילָיו
עוֹלִים וְיוֹרְדִים. אֶפְשָׁר לִשְׁמֹעַ
אוֹתָם עַכְשָׁו, כְּשֶׁלֹּא עוֹד נְמַלֵּא זֶה אֶת זֶה
כַּצִּפֳּרִים אֶת אֲמִיר הָעֵץ,
וְאַתְּ כְּבָר מַחֲלִיפָה מַטְבְּעוֹת, בְּלִי הֶרֶף,
מֵאֶרֶץ לְאֶרֶץ וּמֵרָצוֹן לְרָצוֹן.

וְאַף עַל פִּי שֶׁנָּהַגְנוּ בְּשִׁגָּעוֹן,
נִרְאֶה עַכְשָׁו כִּי לֹא סָטִינוּ הַרְבֵּה
מִן הַמְקֻבָּל וְלֹא הִפְרַעְנוּ לָעוֹלָם,
לַאֲנָשָׁיו וְלִתְנוּמָתָם.
אֲבָל עַכְשָׁו, סוֹף.
וְעוֹד מְעַט לֹא יִשָּׁאֵר מִשְּׁנֵינוּ אֶחָד
לִשְׁכֹּחַ אֶת הַשֵּׁנִי.

During Our Love Houses
Were Completed

During our love houses were completed
and someone, beginning then,
learned to play the flute. His études
rise and fall. You can hear them
now when we no longer fill each other
as birds fill a tree,
and you change coins, compulsively,
from country to country,
from urge to urge.

And even though we acted madly,
now it seems we didn't swerve much
from the norm, didn't disturb
the world, its people and their sleep.
But now it's over.

Soon,
of the two of us, neither will be left
to forget the other.

Translated by Harold Schimmel

מַתְּנוֹת אַהֲבָה

נָתַתִּי לָךְ בִּשְׁבִיל
בִּדְלִי אָזְנַיִךְ, בִּשְׁבִיל אֶצְבְּעוֹתַיִךְ,
הִזְהַבְתִּי לָךְ אֶת הַזְּמַן עַל פֶּרֶק יָדֵךְ,
תָּלִיתִי עָלַיִךְ הַרְבֵּה מַבְרִיקִים
שֶׁתִּהְיִי לִי מִתְנַדְנֶדֶת בָּרוּחַ,
מְצַלְצֶלֶת חֶרֶשׁ מֵעָלַי,
לְהַרְגִּיעַ אֶת שְׁנָתִי.

רָפַדְתִּי אוֹתָךְ בַּתַּפּוּחִים, כַּכָּתוּב,
כְּדֵי שֶׁנִּתְגַּלְגֵּל עַל מֶסַב תַּפּוּחֵי אָדָם.

כִּסִּיתִי אֶת עוֹרֵךְ בְּאָרִיג וָרֹד, דַּקִּיק
שָׁקוּף כְּגוּרֵי חַרְדּוֹנִים, שֶׁלָּהֶם
עֵינֵי יַהֲלוֹם שָׁחֹר בְּלֵילוֹת קַיִץ.

אִפְשַׁרְתְּ לִי לִחְיוֹת חֲדָשִׁים אֲחָדִים
בְּלִי לְהִזְדַּקֵּק לָדַעַת
אוֹ לְהַשְׁקָפַת עוֹלָם.

נָתַתְּ לִי פוֹתְחַן מִכְתָּבִים עָשׂוּי כֶּסֶף:
מִכְתָּבִים כָּאֵלֶּה לֹא פוֹתְחִים כָּךְ.
קוֹרְעִים, קוֹרְעִים, קוֹרְעִים.

Love Gifts

I gave you, for
your earlobes, for your fingers,
I gilded the time on your wrist,
I hung many shining things on you
so that you'd move in the wind
for me, chime softly over my head,
to soothe my sleep.

I stuffed your bed with apples
(as it is written in the Song of Songs)
so we'd roll smoothly
on a red, apple-bearing bed.

I covered your skin with delicate pink fabric
transparent as baby lizards
which have eyes of black diamonds in summer nights.

You enabled me to live for a few months
without needing a religion
or a *Weltanschauung*.

You gave me a letter opener of silver:
letters like these aren't opened like that. They're
torn open, torn, torn.

Translated by Harold Schimmel

בְּאֶרֶץ זָרָה

בְּאֶרֶץ זָרָה אַתָּה צָרִיךְ לֶאֱהֹב
נַעֲרָה שֶׁהִיא תַּלְמִידַת הִסְטוֹרְיָה.
אַתָּה שׁוֹכֵב אַתָּה בַּדֶּשֶׁא הַזֶּה
לְרַגְלֵי הַגְּבָעוֹת הָאֵלֶּה
וּבֵין גְּנִיחוֹת וּצְרִיחוֹת
הִיא מְסַפֶּרֶת לְךָ מַה שֶּׁקָּרָה בֶּעָבָר.
"אַהֲבָה הִיא עִנְיָן רְצִינִי".
מֵעוֹלָם לֹא רָאִיתִי חַיּוֹת צוֹחֲקוֹת.

In a Foreign Country

In a foreign country you must love
a girl who is a history student.
You lie with her in this grass
at the foot of these hills
and between yells and groans
she'll tell you
what happened here in the past.
"Love is a serious matter":
I never saw animals laughing.

Translated by Harold Schimmel

שִׁיר מִזְמוֹר לַזּוּג הַנֶּחְמָד
וַרְדָּה וְשִׁימֶל

יְרוּשָׁלַיִם בִּשְׁבוּעַ הַנִּשּׂוּאִין שֶׁל
שִׁימֶל: רָאִיתִי בִּיטְנִיק זָר מַכְתִּיף
אֶת הַגִּיטָרָה הָעֲטוּפָה כְּמוֹ רוֹבֶה.
רָאִיתִי קַבְּצָן מוֹשִׁיט יָד מְצַלְצֶלֶת
בְּפֶתַח הַמַּשְׁתֵּנָה הַצִּבּוּרִית מוּל
גְּבָרִים מְכַפְתְּרִים. וּבְמִגְרַשׁ הָרוּסִים
שָׁמַעְתִּי בַּלַּיְלָה זוֹנוֹת טְרִיּוֹת
שֶׁשָּׁרוּ וְרָקְדוּ בַּכֶּלֶא: אֶסְתִּי,
אֶסְתִּי, אֶסְתִּי, קְחִי אוֹתִי.

יְרוּשָׁלַיִם שְׁקוּעָה בְּאַהֲבָה אוֹדוֹ־וִיזוּאָלִית
יְרוּשָׁלַיִם שְׁכוֹרָה עֲדַיִן
קֶצֶף תַּיָּרִים עַל שְׂפָתֶיהָ.

אֲנִי מוֹדֵד לָהּ חֹם:
38 מַעֲלוֹת בְּצֵל בָּתֵּי שֶׁחְיָה.
100 מַעֲלוֹת שֶׁל שִׂמְחָה
בְּפִי טַבַּעַת הַזָּהָב.

אֲבָל מוֹצָא!
שִׁימֶל מֵכִין אֶת מוֹצָא לַחֲתֻנָּתוֹ.
מִמִּזְרָח חוֹתְכִים 7 דַּחְפּוֹרִים
אֲדֻמִּים אֶת הָהָר כְּעוּגַת כְּלוּלוֹת גְּדוֹלָה.
10 מַכְבְּשִׁים צְהֻבִּים, 30 פּוֹעֲלִים
עִם דְּגָלִים וַאֲפֻדּוֹת בְּזַרְחָן מֵאִיר כָּתֹם.
21 פְּצוּצִים בִּשְׁעוֹת אַחַר הַצָּהֳרַיִם:
מַזָּל טוֹב!

A Song of Praise to the Lovely Couple Varda and Schimmel

Jerusalem in the week of the marriage of
Schimmel: I saw a foreign beatnik shoulder
his wrapped guitar like a rifle.
I saw a begger put out a jingling hand
at the entrance to the public pissoir across from
buttoning men. And in the Russian compound
I heard at night fresh whores
who sang and danced in jail:
Esty, Esty, Esty, take me.

Jerusalem sunk in audiovisual love,
Jerusalem still drunk,
froth of tourists on her lips.

I take her temperature:
thirty-eight degrees in the shade of her armpits.
one hundred degrees of joy
in the mouth of the gold ring.

But Motza!
Schimmel is preparing Motza for his marriage.
From the east seven red bulldozers
cut the mountain like a great wedding cake.
Ten yellow cement mixers, thirty workers
with flags and undershirts of phosphorescent orange.
Twenty-one explosions in the afternoon:
Mazel tov!

שִׁימֵל וּוַרְדָּה כְּבָר יוֹרְדִים לְאַט
בְּמִצְנַח בֵּית הַכְּנֶסֶת הַלָּבָן.
עַכְשָׁו הֵם עוֹמְדִים בְּשֶׁקֶט, עֲטוּפֵי
נְיַר הַצֶּלוֹפָן שֶׁל חֶסֶד אֱלֹהִים.

אַהֲבָה בְּחֶדֶר אֶחָד וְנָקִי,
כְּמוֹ חֲלוֹם שֶׁל שְׁנוֹת חַיִּים טוֹבִים
דָּחוּס בְּדַקָּה אַחַת שֶׁל שֵׁנָה.
שִׁימֵל וּוַרְדָּה:

שְׁתֵּי גְּלוּלוֹת אַרְגָּעָה
נְמַסּוֹת לְאַט
בְּפִי הָעוֹלָם הַנִּרְגָּשׁ וְהַמִּתְמוֹטֵט.

Schimmel and Varda are already descending slowly
in the parachute of the white synagogue.
Now they're standing silent, wrapped
in the cellophane paper of God's mercy.

Love in one clean room,
like a dream of years of good living
compressed into one minute of sleep.
Schimmel and Varda:

two tranquilizer pills
melting slowly
in the mouth of the excited and crumbling world.

Translated by Harold Schimmel

מִשַּׁעַר אַכְזִיב

[א]
כָּל הַלַּיְלָה שָׁכַבְתְּ עֵרָה עַל גַּבֵּךְ.
הָיְתָה רוּחַ אַחֶרֶת
וְהָיְתָה רוּחַ שֶׁהָיְתָה כָּמוֹךְ.
אוֹר הַיָּרֵחַ
הֵטִיל עַל הַקִּיר
סְבָכָה נוֹסֶפֶת.
"הַמַּפְתֵּחַ מִתַּחַת לָאֶבֶן לְיַד הַשַּׁעַר".
בַּבֹּקֶר נִרְאָה מְתֹאָר גּוּפֵךְ
מְסֻמָּן בִּבְדִלֵי סִיגָרִיּוֹת
עַל הָרִצְפָּה.

[ב]
סָבִיב הַמִּלָּה הַמֵּתָה "אֲהַבְנוּ",
מְכֻסַּת עִשְׂבֵי־יָם בַּחוֹל,
הִצְטוֹפְפוּ סַקְרָנִים רַבִּים.

וְעַד הָעֶרֶב שָׁמַעְנוּ עֵדֻיּוֹת
שֶׁל גַּלִּים שֶׁבָּאוּ אֶחָד, אֶחָד,
אֵיךְ זֶה קָרָה.

[ג]
קִשְׁרִי אֶת בִּכְיֵךְ בְּשַׁרְשֶׁרֶת
וַהֲיִי בִּפְנִים אִתִּי.

בַּבַּיִת הֶחָרֵב לְמֶחֱצָה
גָּר הָאוֹר לְבַדּוֹ.
מִן הָאֲפֵלָה עוֹשִׂים כְּלֵי כֶסֶף עֲדִינִים
בִּשְׁבִיל אֲרוּחָה אַחֲרוֹנָה.

from The Achziv Poems

1.
All night you lay awake on your back.
There was another wind
and there was a wind like you.
The light of the moon
threw on the wall
one more lattice.
"The key's under the stone near the gate."
In the morning the outline of your body appeared
marked by cigarette butts
on the floor.

2.
Around the dead word "we-loved"
covered over by seaweed in the sand
the curious mob crowded.
And until evening we heard the testimonies
of waves, one by one,
of how it happened.

3.
Tie your weeping with a chain
and be inside with me.

In the partly ruined house
the light lives by himself.
From the darkness they make delicate silverware
for the last meal.

פִּי דָג פִּי
וּפִי דָג פְּטָמָתֵךְ
נִצְמָדִים בַּלַּיְלָה.

אַחַר כָּךְ הָיָה לֵיל יָרֵחַ
לָבָן יוֹתֵר מִיּוֹם כִּפּוּר.
בִּכְיֵךְ קָרַע אֶת הַשַּׁרְשֶׁרֶת.
בָּרַח רָחוֹק.

[ד]
בַּחוֹל הָיִינוּ קֶרְבֶּרוֹס שְׁנֵי רָאשִׁים
חוֹשְׂפֵי שִׁנַּיִם. בַּצָּהֳרַיִם
הָיְתָה רַגְלֵךְ הָאַחַת בַּמִּזְרָח וְהַשְּׁנִיָּה בַּמַּעֲרָב
וַאֲנִי בָּאֶמְצַע, שָׁעֵן עַל רַגְלֵי הַקְּדָמִיּוֹת,
מִסְתַּכֵּל לִצְדָדִים בַּחֲשָׁד, שׁוֹאֵג נוֹרָאוֹת,
שֶׁלֹּא יִקְחוּ אֶת טַרְפִּי מִמֶּנִּי.

מִי אַתָּה?
יֶלֶד יְהוּדִי קָטָן מִן הַגּוֹלָה
כִּפָּה עַל הָרֹאשׁ. מִשָּׁם. מִן הַזְּמַן הַהוּא.

בַּלֵּילוֹת אֲנַחְנוּ יַחְדָּו בְּלִי זְכִירָה
כְּבֵדָה, בְּלִי רְגָשׁוֹת דְּבִיקִים. רַק
הִתְאַסְּפוּת שֶׁל שְׁרִירִים וּפְזוּרָם.

הַרְחֵק מִכָּאן, בְּיַבֶּשֶׁת אַחֶרֶת שֶׁל זְמַן,
נִרְאִים בְּבֵרוּר הָרַבָּנִים הַמֵּתִים שֶׁל יַלְדוּתִי,
מַחֲזִיקִים גָּבֹהַּ מֵעַל לְרָאשֵׁיהֶם
אֶת אַבְנֵי הַמַּצֵּבוֹת.

My fish mouth mouth
and your fish mouth nipple
are attached at night.

After that was a moonlit night
whiter than Atonement Day.
Your weeping burst the chain.
Fled.

4.
In the sand we were two-headed Cerberus
with bared teeth. In the afternoon
your one leg was in the east and your second in the west
and I in the middle, leaning on my forelegs,
looking to the sides with suspicion, roaring awfully,
lest they take my prey from me.

Who are you?
A poor Jewish kid from the diaspora,
skullcap on the head. From there. From that time.

All night we're together. No
heavy memories, sticky feelings. Just
muscles, tensing and relaxing.

In another continent of time,
the dread rabbis of my childhood appear,
holding the gravestones high over
their heads.

נַפְשָׁם צְרוּרָה בִּצְרוֹר חַיָּי.
אֵלִי, אֵלִי,
לָמָה לֹא עֲזַבְתָּנִי!?

לָמַדְתִּי
לְהִתְיַחֵס אֶל עֶרְוָתֵךְ
כְּאֶל פָּנִים.

אֲנִי מְדַבֵּר אֶת שְׂפָתָהּ הַקְּדוּמָה.
הִיא מְקֻמֶּטֶת וַעֲשׂוּיָה חֹמֶר עַתִּיק יוֹתֵר
מִכָּל הַדּוֹרוֹת הַזְּכוּרִים, הַכְּתוּבִים עַל סֵפֶר.

הִיא מִתְיַחֶסֶת אֵלֵינוּ
כְּאֶל נִינִים רְחוֹקִים,
מְשַׂחֲקִים.

לַיְלָה אַחֲרוֹן לְיַד הַחַלּוֹן,
בַּחוּץ וּבִפְנִים. שְׁעוֹת שֶׁבַע,
תֵּשַׁע, עֶשֶׂר. שָׁעָה אַחַת־עֶשְׂרֵה:
אוֹר הַיָּרֵחַ
הָפַךְ אֶת גּוּפֵינוּ לִכְלִי נָתוּחַ
קָשִׁים וּמַבְהִיקִים בְּרַע.

שָׁעָה אַחֶרֶת, שָׁעוֹת אַחַת, שְׁתַּיִם, שָׁלֹשׁ,
חָמֵשׁ: בָּאוֹר הָרִאשׁוֹן שֶׁל שַׁחַר
נִרְאָה גוּפֵךְ תָּפוּשׂ בְּרֶשֶׁת

Bound up in the knot of my life.
My God, my God,
Why have you not forsaken me!?

5.
I learned
to relate to your cunt
as to a face.

I speak its former language.
Wrinkled, and made of substance older
than all remembered ages, written on a book.

It relates to us
as distant offspring,
playing.

6.
A last night near the window,
outside and in. Hours pass, seven,
nine, ten. Eleventh hour:
moonlight
turned our bodies into surgical instruments
hard and gleaming with evil.

Another hour, hours, one, two, three,
five: in the first light of dawn
your body was seen caught in the network

עוֹרְקָיו, כִּסְדִין
שֶׁנָּפַל בַּלַּיְלָה וְנֶאֱחַז,
נִדְבַּק בְּעַנְפֵי הָעֵץ הַמֵּת
שֶׁלִּפְנֵי הַחַלּוֹן.

[ז]
אֵיךְ זֶה לִהְיוֹת אִשָּׁה?
אֵיךְ זֶה לָחוּשׁ
רֵיקָנוּת בֵּין רַגְלַיִם וְסַקְרָנוּת
בַּחֲצָאִית, בַּקַּיִץ, בָּרוּחַ,
וְחֻצְפָּה בָּעֲכוּזִים.

גֶּבֶר צָרִיךְ לִחְיוֹת עִם הַשַּׂק הַמְשֻׁנֶּה
בֵּין רַגְלָיו. "אֵיפֹה אַתָּה רוֹצֶה
שֶׁזֶּה יִהְיֶה?", שָׁאַל הַחַיָּט שֶׁמָּדַד לִי מִכְנָסַיִם
וְלֹא חִיֵּךְ.

אֵיךְ זֶה קוֹל שָׁלֵם, שֶׁלֹּא נִשְׁבָּר?
אֵיךְ זֶה לְהִתְלַבֵּשׁ וּלְהִתְפַּשֵּׁט
בִּגְלִישָׁה וּבְהַחְלָקָה וּבְלִטִיפָה,
כְּמוֹ לִלְבֹּשׁ שֶׁמֶן־זַיִת,
לִמְשֹׁחַ אֶת הַגּוּף בְּבַדִּים רַכִּים,
מַשֶּׁהוּ מֶשִׁי, מִלְמֵל לֹא־כְלוּם שֶׁל וָרֹד אוֹ תְּכֵלֶת?
גֶּבֶר מִתְלַבֵּשׁ בִּתְנוּעוֹת גַּסּוֹת שֶׁל
פְּרִיטָה וְקַשְׁיוּת פְּרִימָה,
זָוִיּוֹת, עֲצָמוֹת וּמַכּוֹת בָּאֲוִיר.
וְהָרוּחַ סְבוּכָה בְּגַבָּתוֹ.

of its nerves, like a sheet
that fell during the night and held,
stuck in the branches of the dead tree
before the window.

7.
What's it like to be a woman?
What's it like to feel
a vacancy between the legs, curiosity
under the skirt, in summer, in wind,
and chutzpa at the haunches?

A male has to live with that odd sack
between his legs. "Where would you like
me to put it?" asked the tailor,
measuring my pants,
and didn't smile.

What's it like to have a whole voice,
that never broke?
To dress and undress   slitherly
slinkily   caressively
like wearing olive oil,
to anoint the body with lithe fabrics,
a silky something,
a murmuring nothing of peach or mauve?
A male dresses with crude gestures of
buckling and edgy undoing,
angles, bones and stabs in the air,
and the wind's entangled in his eyebrows.

אֵיךְ זֶה לַחוּשׁ אִשָּׁה?
וְגוּפֵךְ חוֹלֵם אוֹתָךְ.
אֵיךְ זֶה לֶאֱהֹב אוֹתִי?
שְׁאֵרִיּוֹת אִשָּׁה בְּגוּפִי הַזָּכָר
וְסִמָּנֵי זַכְרוּת בְּגוּפֵךְ
מְבַשְּׂרִים אֶת הַגֵּיהִנּוֹם
אֲשֶׁר נָכוֹן לָנוּ
וְאֶת מוֹתֵנוּ הַהֲדָדִי.

What's it like to "feel a woman"?
And your body dreams you.
What's it like to love me?

Remains of a woman on my body,
and signs of the male on yours
augur the hell
which awaits us
and our mutual death.

Translated by Harold Schimmel

מִשִּׁירֵי בּוּאֶנוֹס אַיְרֶס

[א]

בְּכָל הַיָּמִים שֶׁהָיִיתִי כָּאן
לֹא רָאִיתִי אֶת הַיָּם. פַּעַם,
בַּלַּיְלָה, סִפַּרְתְּ לִי עָלָיו.
וְלֹא רָצִיתִי לִשְׁמֹעַ, כְּדֵי
שֶׁבּוּאֶנוֹס אַיְרֶס תִּהְיֶה
כְּמוֹ יְרוּשָׁלַיִם, בְּלִי יָם.

דוֹלוֹרֶס קָרְאוּ לָךְ, סוֹסָנָה הוּא
שֵׁם חֲבֶרְתֵּךְ, "צִ'יקָה"
קָרָא לָךְ נֶהָג חוֹלֵף.

אָבַדְנוּ שְׁנֵינוּ לַמְאַבְּדִים
שֶׁלֹּא הִכִּירוּ זֶה אֶת זֶה:
שְׁתֵּי אֲבֵדוֹת בּוֹכוֹת
וְצוֹחֲקוֹת יַחְדָּו בַּחֹשֶׁךְ.

from The Buenos Aires Poems

1.
All the while
I didn't see the sea. Then
once, at night, you told me about it.
I didn't want to hear, so that
Buenos Aires would be
like Jerusalem without a sea.

Dolores they called you,
Susanna
is the name of your friend, "Chica,"
a driver, passing, called out.

We both were lost
by two who never knew each other:

two losses crying
and laughing together in the dark.

[ב]

נוֹלְדָה לְיַד הַיָּם בְּעִיר דֶל מַאר,
נֶאֱהֲבָה בְּחֶדֶר קָטָן רָחוֹק מִמֶּנּוּ,
גָּרָה בִּרְחוֹב עַל שֵׁם אִישׁ מֵת וְנִשְׁכָּח.
אֲפִלּוּ נֶהָג הַמּוֹנִית לֹא יָדַע לִמְצֹא
אֶת הַבַּיִת הַיָּשָׁן עִם הַדֶּלֶת הַשְּׁקֵטָה,
לָבְשָׁה שִׂמְלַת פַּסִּים וְסוֹבְבָה בֵּין הַפַּסִּים,
בִּמְעַרְבֹּלֶת. אָבְדָה
גַּם בֵּין פְּרָחִים גְּדוֹלִים וּמֻדְפָּסִים.

נָשַׁקְתִּי אֶת פִּיהָ שֶׁשָּׂפָה זָרָה
עָשְׂתָה אֶת צוּרָתוֹ. כָּךְ לָמַדְתִּי.
"הָלוֹ, הָלוֹ", נוֹאָשׁ בִּשְׁעָתִי,
"אוֹלָה?" מְבֻדָּח וְעָצוּב בִּשְׁעָתָהּ.

וּבַחֹרֶף שֶׁלִּי קַיִץ שֶׁלָּהּ וּבְיוֹמִי, לַיְלָה.
וְהַיָּמִים מִתְאָרְכִים אֶצְלִי וְאֶצְלָהּ מִתְקַצְּרִים
וְעֵינֶיהָ תַּהֲלִיךְ הַמַּסַּת זָהָב בְּתוֹךְ חוּם
וְצוּרַת גּוּפָהּ כְּצוּרַת הַפֶּתַח בְּחַיַּי.

2.
Born near the sea in a city *del Mar*,
was loved in a small room far from it,
lived on a street named for a man dead and forgotten.
Even the taxi driver didn't know how to find
the old house with the quiet door.
Wore a striped dress and spun between the stripes
in a whirlpool. Lost
also among large and printed flowers.

I kissed her mouth which a foreign language
had shaped. And so I learned.
"Hello, hello," despairing in my language,
"Ola?" amused and sad in hers.

And in my winter is her summer and in my day her night.
And in my country days get longer and in hers shorter
and her eyes are a process for melting gold in brown
and her body's shape is like the shape of the opening
in my life.

[ג]
שֶׁל הַזְּמַן הַזֶּה עִם אוֹר
דֶּרֶךְ סִדְקֵי הַתְּרִיס, רֹאשׁ כְּמוֹ
נֶפֶרְטִיטִי, עֵינַיִם שֶׁל זִיגְמוּנְד
פְרוֹיְד נִפְחָדוֹת וְנִגְלָל עֲגֻלָּה
כְּאַהִיל מְנוֹרָה,
"כְּמוֹ צִפָּרְנַיִם אֶגֹּז
אֶת הָאַהֲבָה הַזֹּאת", וְהַשָּׁמַת
דְּבָרִים עַל הַשֻּׁלְחָן: הַסֵּפֶל, הַסֵּפֶר,
הַכַּף, הַמִּלְחִיָּה, כָּל אֵלֶּה כְּלֵב
פּוֹעֵם לְאַט. "אַתָּה מִשְׁתַּמֵּשׁ
בִּי", (פֵּרוּשׁ אַחֵר שֶׁל אַהֲבָה.)
"אַתָּה חוֹשֵׁב בְּנָסְחָאוֹת
מְדֻיָּקוֹת שֶׁל לֵב נִשְׁבָּר לִשְׁבָרִים
מֻגְדָּרִים הֵיטֵב, כְּמוֹ שֶׁפַּעַם
נִשְׁבַּר לֵב בְּאַהֲבָה".

124

3.

Of this time, with light
through the slats of the blind, a head like
Nefertiti, eyes like Sigmund
Freud—frightened—and a wagon wheel
for a lamp, hanging from the ceiling.
"Like fingernails, I'll trim
this love," and a careful placing
of things on the table: the cup, the book,
the spoon, the salt cellar. All those like a heart
beating slowly. "You're using
me!" (another gloss on love).
"You're thinking along very exact
formulas of a heart broken to well-
defined pieces, like once
a heart broke of love."

Translated by Harold Schimmel

בַּלָּדָה בִּרְחוֹבוֹת בּוּאֶנוֹס אַיְרֶס

וְאִישׁ מְחַכֶּה בִּרְחוֹבוֹת וּפוֹגֵשׁ אִשָּׁה
מְדֻיֶּקֶת וְיָפָה כְּשְׁעוֹן הַתָּלוּי בְּחַדְרָהּ
וַעֲצוּבָה וּלְבָנָה כַּקִּיר שֶׁעָלָיו תָּלוּי הַשָּׁעוֹן.

וְהִיא לֹא מַרְאָה לוֹ אֶת שְׁנֵּיהָ
וְהִיא לֹא מַרְאָה לוֹ אֶת בִּטְנָהּ,
אַךְ הִיא מַרְאָה לוֹ אֶת זְמַנָּהּ הַמְדֻיָּק וְהַיָּפֶה

וְהִיא גָּרָה בַּקּוֹמָה הַתַּחְתּוֹנָה לְיַד הַצְּנוֹרוֹת
וְהַמַּיִם שֶׁעוֹלִים מַתְחִילִים בַּקִּיר אֶצְלָהּ
וְהוּא הִכְרִיעַ לְמַעַן הָרַכּוּת

וְהִיא יוֹדַעַת אֶת סִבּוֹת הַבֶּכִי
וְהִיא יוֹדַעַת אֶת סִבּוֹת הָאֹפֶק
וְהוּא מַתְחִיל לִהְיוֹת דּוֹמֶה לָהּ, דּוֹמֶה לָהּ

וּשְׂעָרוֹ יֶאֱרַךְ וְיֵרַךְ כִּשְׂעָרָהּ
וּמִלִּים קָשׁוֹת שֶׁל שְׂפָתוֹ נָמַסּוֹת בְּפִיהָ
וְעֵינָיו יִהְיוּ דּוֹמְעוֹת דּוֹמוֹת לְשֶׁלָּהּ

וְאוֹרוֹת הָרַמְזוֹר מִשְׁתַּקְּפִים עַל פָּנֶיהָ
וְהִיא עוֹמֶדֶת שָׁם בַּמֻּתָּר וּבָאָסוּר
וְהוּא הִכְרִיעַ לְמַעַן הָרַכּוּת

וְהֵם הוֹלְכִים בִּרְחוֹבוֹת שֶׁיִּהְיוּ בַּחֲלוֹמוֹתָיו
וְהַגֶּשֶׁם בּוֹכֶה לְתוֹכָם בְּשֶׁקֶט, כְּמוֹ לְתוֹךְ כַּר
וְהַזְּמַן הַדּוֹחֵק עָשָׂה אוֹתָם לִנְבִיאִים

וְהוּא יְאַבֵּד אוֹתָהּ בְּאוֹר אָדֹם
וְהוּא יְאַבֵּד אוֹתָהּ בְּיָרֹק וּבְצָהֹב
וְהָאוֹר תָּמִיד נָכוֹן לְשָׁרֵת כָּל אָבְדָן

Ballad in the Streets of Buenos Aires

And a man waits in the streets and meets a woman
Precise and beautiful as the clock inside her room
And sad and white as the wall that holds it

And she does not show him her teeth
And she does not show him her belly
But she shows him her time, precise and beautiful

And she lives on the ground floor next to the pipes
And the water which goes up starts at her wall
And he has decided on softness

And she knows the reasons for the weeping
And she knows the reasons for the holding back
And he begins, and he begins to be like her

And his hair grows long and soft like hers
And the hard words of his tongue melt in her mouth
And his eyes in tears will look like hers

And the traffic lights light up her face
And she is standing there in the permitted and the forbidden
And he has decided on softness

And they walk in the streets which will be in his dreams
And the rain weeps into them as into a pillow
And restless time has made them into prophets

And he will lose her in the Red light
And he will lose her in the Green and in the Yellow
And the light is always there to serve all loss

וְהוּא לֹא יִהְיֶה כְּשֶׁיִּגָּמְרוּ סַבּוֹן וּמִשְׁחָה
וְלֹא יִהְיֶה כְּשֶׁהַשָּׁעוֹן יְכַוֵּן מֵחָדָשׁ
וְלֹא יִהְיֶה כְּשֶׁהַשִּׂמְלָה תִּפָּרֵם לְחוּטִים עָפִים

וְהִיא תִּסְגֹּר אֶת מִכְתָּבָיו הַפְּרוּעִים בְּשָׂדֶה שְׁקֵטָה
וְתִשְׁכַּב לִישֹׁן לְיַד הַמַּיִם שֶׁבְּתוֹךְ הַקִּיר
וְהִיא תֵּדַע אֶת סִבּוֹת הַבְּכִי וְאֶת סִבּוֹת הָאִפּוּק
וְהוּא הִכְרִיעַ לְמַעַן הָרַכּוּת.

128

And he won't be when soap and lotion run out
And won't be when the clock is set again
And won't be when the dress is raveled out in threads

And she will shut his wild letters in a quiet drawer
And lie down to sleep beside the water in the wall
And she will know the reasons for weeping and for holding back
And he has decided on softness.

Translated by Harold Schimmel

About the Author

Yehuda Amichai was born in Germany in 1924 and emigrated as a boy to Israel, where he has lived ever since. Four of his collections of poetry have appeared in English—*Amen, Songs of Jerusalem and Myself, Poems, Time*—as well as his novel, *Not of This Time, Not of This Place*. He presently lives and teaches in Jerusalem.

Yehuda Amichai is commonly regarded as Israel's leading poet and one of the major poets of our time. The hallmark of his work is an extraordinary terseness—thought and feeling communicated with a conciseness that cuts to the bone of experience. His tone is colloquial, even casual; a man talking in his natural voice, communicating directly with the reader without the stances and masks we associate with much contemporary poetry. His complexities are the honest and unforced ones of a writer who has stripped his responses to life to essential words and images: telegrams of the spirit that radiate and resonate.

Amichai's terseness is particularly effective and affecting in his love poems, where strong emotion and deep memory are proved, as it were, by the laconic forms in which they are cast. The result is love poems that seem to have gone through the fire: durable and pure. Passionate, ironic,